北海道の国立公園

出典：北海道環境生活部自然環境局ホームページを
ベースに編集委員会で再編集しました。

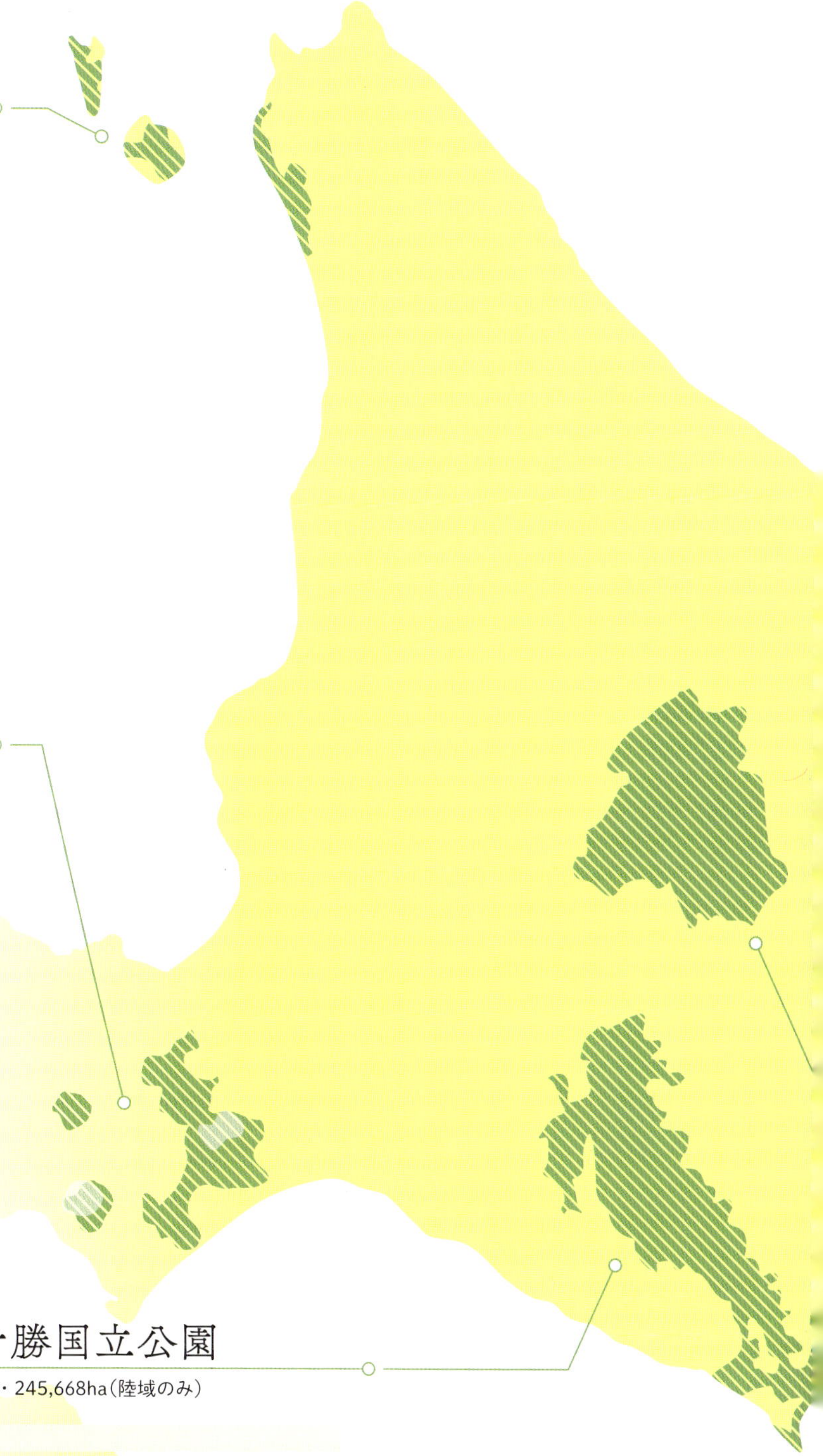

利尻礼文サロベツ国立公園

1974年（昭和49年）9月20日指定・24,512ha

概要

日本最北に位置する自然公園で、利尻富士と呼ばれる美しい利尻山を擁する利尻島、高山植物の宝庫・礼文島、砂丘列の発達した抜海・稚咲内海岸、サロベツ川流域に形成されラムサール条約に登録されている広大なサロベツ原野など変化に富む景観を誇り、また、国内有数の渡り鳥の中継地としても知られています。

みどころ

- 利尻山
- 久種湖、姫沼、オタトマリ沼などの湖沼
- サロベツ原野、礼文島桃岩などの植物群落
- 抜海、稚咲内の海岸草原と砂丘林
- 礼文島西海岸の海食崖
- スコトン岬、桃岩などからの眺望

支笏洞爺国立公園

1949年（昭和24年）5月16日指定・99,473ha

概要

支笏湖・洞爺湖の2大カルデラをはじめ、現在も活動中である有珠山・樽前山、美しい円錐形の山容で蝦夷富士と呼ばれる羊蹄山、登別地獄谷をはじめ各所で湧出する温泉など、火山によって生じる様々な地形や現象に身近にふれることができる公園です。新千歳空港や札幌、苫小牧、室蘭などの都市からも近いことから、道内で一番利用者が多い自然公園です。

みどころ

- 支笏湖、洞爺湖、倶多楽湖などの湖沼
- 有珠山、昭和新山、樽前山、登別地獄谷などの火山現象
- 空沼岳、無意根山、羊蹄山、恵庭岳などの山岳
- オロフレ峠、中山峠などからの眺望

日高山脈襟裳十勝国立公園

2024年（令和6年）6月25日指定・245,668ha（陸域のみ）

概要

南北約140kmに及ぶ脊梁山脈であり、氷河地形、高山植生及び我が国最大の原生流域を擁する日高山脈から、裾野の森林地域を通じて、切り立った海食崖や海成段丘が特徴的な海岸地域までつながる我が国最大の国立公園です。日高山脈が内陸部から海まで延々と連なる雄大さと、その山脈が原生的な自然状態を保ったまま存在する点において我が国を代表するに足りる傑出した自然の風景地です。

みどころ

- 「カール」などの氷河地形
- 幌尻岳、カムイエクウチカウシ山、アポイ岳
- ヒダカソウなどの固有の高山植物
- 襟裳岬、日勝峠等からの眺望
- 岩内仙峡、ピョウタンの滝

日高山脈襟裳十勝国立公園誕生

北海道の脊梁

日高山脈

共同文化社

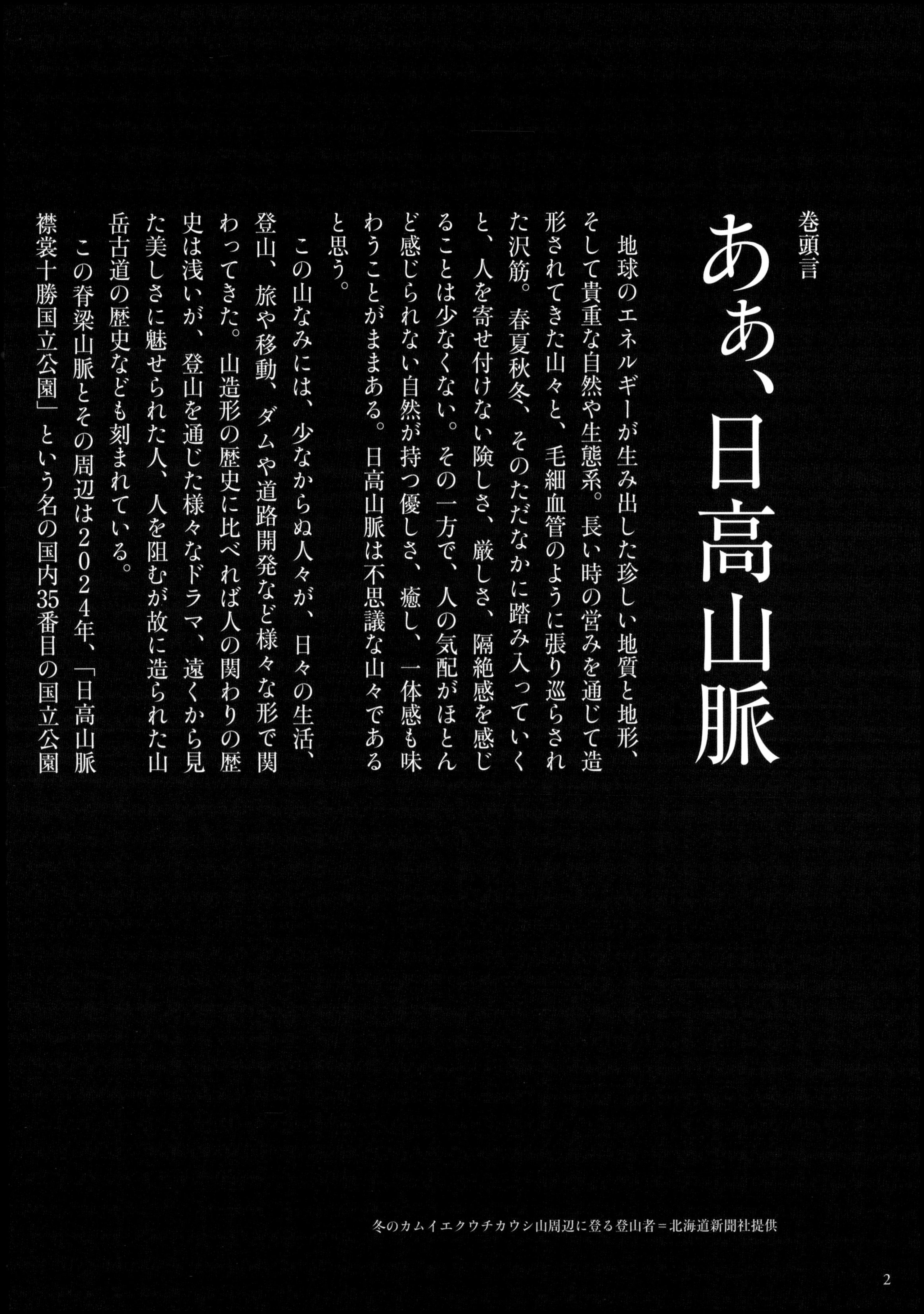

巻頭言

あぁ、日高山脈

地球のエネルギーが生み出した珍しい地質と地形、そして貴重な自然や生態系。長い時の営みを通じて造形されてきた山々と、毛細血管のように張り巡らされた沢筋。春夏秋冬、そのただなかに踏み入っていくと、人を寄せ付けない険しさ、厳しさ、隔絶感を感じることは少なくない。その一方で、人の気配がほとんど感じられない自然が持つ優しさ、癒し、一体感も味わうことがままある。日高山脈は不思議な山々であると思う。

この山なみには、少なからぬ人々が、日々の生活、登山、旅や移動、ダムや道路開発など様々な形で関わってきた。山造形の歴史に比べれば人の関わりの歴史は浅いが、登山を通じた様々なドラマ、遠くから見た美しさに魅せられた人、人を阻むが故に造られた山岳古道の歴史なども刻まれている。

この脊梁山脈とその周辺は2024年、「日高山脈襟裳十勝国立公園」という名の国内35番目の国立公園

冬のカムイエクウチカウシ山周辺に登る登山者＝北海道新聞社提供

になった。人跡まれな山域が広範囲に広がっている原始性が高く評価されたのだ。

「日高山脈」という言葉に、一種独特な感慨を持つ人は多いのでないか。短期間に繰り広げられた他に類を見ない自然と人の濃密な関わり、人々の独特な体感、体験があるからだろうと思う。ダイナミックな生成メカニズムとともに、この山脈に刻まれたエピソードの数々と歴史を掘り起こし、整理し、紙幅に展開した。この稀有《けう》な山脈のこと、とりわけ山と人の関わりを多くの人に広く知っていただきたいと願う。

そのための手がかりの一冊になれば幸いである。

戸蔦別川源流のカール越しに戸蔦別岳を望む
遠景は左から十勝幌尻岳、札内岳、エサオマントッタベツ岳
左ページ下の雪渓にヒグマの姿がある
＝2023 年 6 月、伊藤健次撮影

日高山脈をめぐる1枚の写真

鋭峰・戸蔦別岳を背後に残雪と高山植物やダケカンバなどの新緑が眩《まばゆ》い。日高山脈の美しさを凝縮したこの1枚（カバーと4～5ページの写真）は、山や野生生物をライフワークとして追い続ける写真家・伊藤健次さん＝北大山スキー部出身＝の労作だ。写真の下部、カールの雪渓を歩くヒグマの姿が写っているのが分かるだろうか。

1996年から日高山脈でヒグマの撮影を続けてきた伊藤さん。クマのアップ写真はもちろんだが、ヒグマを入れ込んだ日高山脈らしい写真を撮るのは至難の業《わざ》だ。クマの行動を探る地道な探索を経て、クマが出てくる場所や時間、天候、撮影位置からの距離、日高特有の急な岩場との兼ね合い、クマは太陽の光線が強いと真っ黒になるため、手足の動きも含めて考えなければならない。クマを浮き立たせる雪渓がポイントになる。考え尽くした場所にクマが出てきても、驚かせてしまうとそのシーズンの撮影は終わりかねない。

北戸蔦別岳近くの稜線から、戸蔦別岳をバックにしたアングルで、クマが出てくるタイミングを見計らう。入山3日目、2023年6月20日午前4時56分、柔らかな朝日をほんのりと浴びたカールの雪渓にクマが出てきたタイミングで、この1枚は撮影された。その前後にも、幌尻岳にかけての稜線付近で、何度もクマを撮影したそうだが、この1枚がベストだったという。

「大きな山の中で、小さくも自由なヒグマに向き合えるのが日高山脈の素晴らしさだと思います」。伊藤さんはこう述懐する。

札幌の登山・アウトドア用具製造・販売会社「秀岳荘」先代社長、金井哲夫さんの「ヒグマが写った日高山脈の写真を」という要望を受けての撮影だった。

秀岳荘にとって日高山脈には特別なこだわりがある。「金井テント製作所」という店名だった創業者・金井五郎（1909〜93年）の時代、1956年（昭和31年）、北大山岳部が厳冬期の日高全山縦走に取り組む際、テントや防寒服上下、オーバーシューズなどをそれまでの綿製から新たに世に出た化繊生地に替えて作製し遠征を支えた。翌57年、金井五郎はその後2代目となる金井哲夫と連れ立って、日高山脈山麓の原野の中のランプの一軒家で、日高の山々を描き続けていた山岳画家坂本直行（1906〜82年）を訪ね、意気投合する。

それが縁となって「秀岳荘」の社名が生まれ、直行との密接な交流が続いた。北海道の岳人が道内随一の重厚さを誇るこの山域を目指すにあたって、秀岳荘が陰に陽に支えてきた歴史もここに始まる。

「ヒグマが写った日高山脈の写真を」という要請には、日高山脈と縁浅からぬ秀岳荘ゆえの思いがにじむのである。

同じショットは、秀岳荘白石店玄関脇に飾られ、秀岳荘としての特別な感慨、伊藤さんの苦労が偲《しの》ばれる1枚なのである。

黒川　伸一

もくじ

日高山脈襟裳十勝国立公園誕生

北海道の脊梁 日高山脈

チロロ岳（左）とチロロ西峰＝2022年6月（黒川伸一撮影）

1967峰からピパイロ岳（左の尾根の先）にかけての稜線＝2022年6月（黒川伸一撮影）

CHAPTER 1

パイオニアたちの感慨

1929年（昭和4年）1月3日〜1月14日、
アプローチでスキーを使い、戸蔦別川から戸蔦別岳を経て
幌尻岳に厳冬期初登頂を果たした北大山岳部パーティ、
須藤宣之助の「幌尻岳スキー登山」（北大山岳部報第2号所収）から

その雪稜は漸次《ぜんじ》左廻《まわ》りに緩い上《のぼ》りになる。三度瘤起《りゅうき》に欺《あざむ》かれて越《こえ》下り、稍《やや》広い額《ひたい》の如《ごと》き雪台が見え、頂上を求める心切《せつ》に動く。そして高さ四米《メートル》程の岩の段を踏《ふみ》上って出て見ると確かに頂上であった。斜傾《かたむ》いた一本の柱が見出された。

一同はそのシャボテンの様な柱の傍《そば》に腰を下《おろ》した。何にも替えられない欣《よろこ》びに浸漬《ひた》って、今此《こ》の二千米《メートル》の幌尻岳の頂に立っている。未だ曾《か》つて、何人《なんぴと》にも踏入れられなかった厳冬の幌尻岳に今登り着いたのである。

皆の顔は頭巾《ずきん》の中に深く保護され、眼は其《そ》の奥に喜びを湛《たた》えて輝いている。就中《なかんづく》小森は悦々として愉快そうだ。今日迄《まで》常に冬期登山に對《たい》して熱情を以《もっ》て努力し、開拓し来《き》った彼の心中如何《いか》に、そうしてまた今此《こ》の喜びを特に分《わか》つべき二人の山友達、伊藤と山《やま》縣《がた》の犠牲的精神に報《むく》ゆる感謝の念を無言の辞に替えよう。

※歴史的仮名遣いは現代仮名遣いに修正しています。

積雪期の戸蔦別岳（中央左の鋭鋒）～幌尻岳（中央右）周辺の山なみ。
須藤たちは向かって左側の戸蔦別川沿いに戸蔦別岳に上がり、幌尻岳までを往復した
＝2024年3月撮影、北海道新聞社提供

須藤たちがスキーで歩いた稜線も初夏にはこのような景観になる。ピパイロ岳〜1967峰越しに幌尻岳（中央右の高峰）を望む＝2022年6月（黒川伸一撮影）

1929年（昭和4年）8～9月、
北大山岳部時代の伊藤秀五郎が
中部日高と南日高や山麓を単独で歩き、
下山直後にまとめた「日高の山旅」（「北の山」所収）から

上空から見た芽室岳（右）
左はパンケヌーシ岳
＝2022年6月（黒川伸一撮影）

私は今年の八月から九月にかけて、日高山脈の形づくる多くの山のうち、北方にある戸蔦別岳と、最も南に位置する楽古岳とに、案内者も伴わず、全く単独《ひとり》で登ってみた。いうまでもないことではあるが、日高山脈は、いわゆる中央高地の山々と共に、北海道の山岳のうちで、いちばん登山家たちの関心を牽《ひ》いている地方である。そしてそれは、中央高地の山々に較《くら》べては、登山の歴史も甚《はなは》だ若い。私たちの仲間で最初にこの方面にはいったのは、松川五郎君の組で、大正十二年の夏であった。しかし、その時は、一行中に病人が出たりなどして、日高山脈の北のはずれにある芽室岳という山に登ったきりで引返してしまった。

その次は、その翌々年の七月に、私たち四人の組が、芽室村の故水本文太郎を案内とし、それにもう一人中山というアイヌ民族の案内人を連れて、美生川から美生岳《ピパイロ》に登り、尾根伝いに日高幌尻岳まで歩いて、戸蔦別川を下《お》りてきた。その時の最初の計画では、降《くだ》りは千呂露川を右左府《ウシャップ》（現在の日高町）に出て、金山に戻る予定であったが、登りにちょっと怪我《けが》をした中山が、当時彼らの間でも滝の多い悪い渓谷とされていた千呂露川を下ることを承知しなかったために、戸蔦別川に変更したのである。

戸蔦別川を下降する＝2013年7月（黒川伸一撮影）

千呂露川はその時以来、私の日高山脈における宿題の一つであった。しかし今度の日高単独行に、比較的困難な千呂露川を選んだのには、外にも理由があったのである。とにかく、その翌年あたりからは、この方面にも、だんだん登山者の注意が向けられて、私たちの仲間によっても、毎年幾つかの登山が行われるようになり、慶応の人たちも、すでに数回この地方に足跡を残している。登山の歴史が新しいとはいえ、そのあらゆる峰、あらゆる渓谷が知り尽されるのも、遠い将来のことではないであろう。

千呂露川水系を行く＝2019年8月（黒川伸一撮影）

その「ポロシリ」という山名の大いなる山を意味するように、がっしりとすわりのいい巨体を真正面に横たえた幌尻岳の右左の肩をすかして、遠くイドンナップとカムイエクウチカウシの特異な山容が夕映に彩色《いろづ》いてゆき、遥《はる》か太平洋に終焉《しゅうえん》する彼方までも、沙流《サル》、額平《ヌカビラ》の蛇流《じゃりゅう》の延々として白鼠《しろねずみ》色に耀《かがや》きわたり、爛々《らんらん》たる日没の瞬時《ひととき》において指呼《しこ》の戸蔦別岳がそのピラミダルな一面を深紅《しんく》に抹《は》き、たちまちにして紫紅《しこう》色に変り、やがては濃青《あおお》に移っていって、遂には遠近《おちこち》の山脈も、落魄《らくはく》した空と共に黒化《くろず》んで、全く夜の鎮静に最後の呼《こ》息《そく》を終るまでの壮観を、激しい登高の後にくるあの内密の喜びに浸《ひた》りな

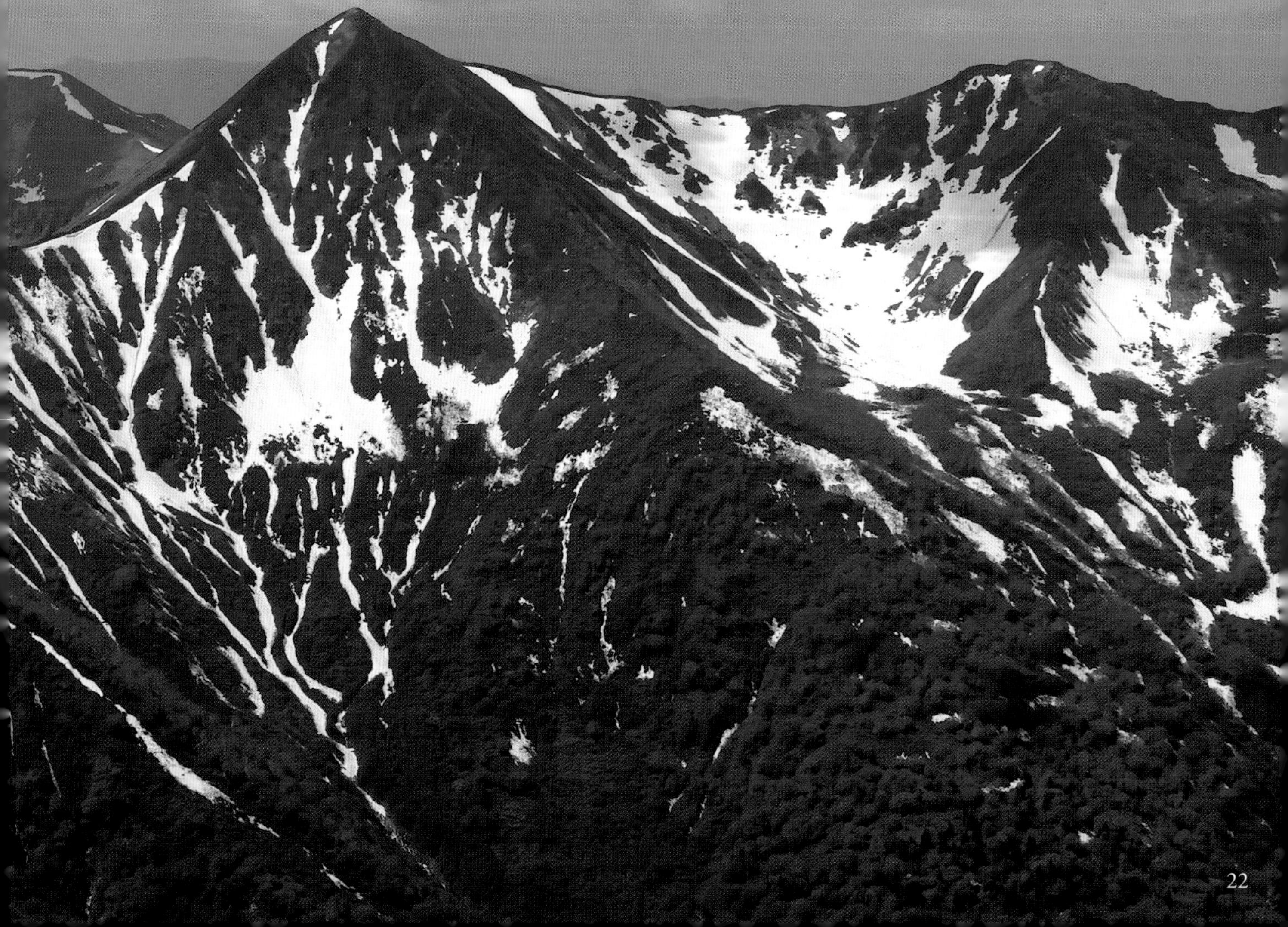

がら眺め得たということは、たとえその山頂の夜の西風《かぜ》がいかに寒かったにせよ、また私にとっては望外の幸福というべきであった。かつて美生岳《ピパイロ》の頂にたって、南方遥《はる》か模糊《もこ》の彼方《かなた》まで延々連亘《れんこう》する日高山脈を肇《はじ》めて望見したときの歓喜《よろこび》と驚愕《おどろき》とが、いままたあたらしく私の心に湧き騰《あが》ってくるのであった。そして山々は、誕生幾万年の今日《こんにち》も、夕陽《ゆうひ》をうけると、羞《はず》かしそうに俯向《うつむ》きながら、あんなにも華《はなや》かな薔薇《ばら》色に染ってしまうのは、たしかにいつも朝霧でその膚《はだ》を洗って、清浄無垢《せいじょうむく》でいるからに違いないのだ。

※現代仮名遣いに直したほか、表現を一部修正しています。

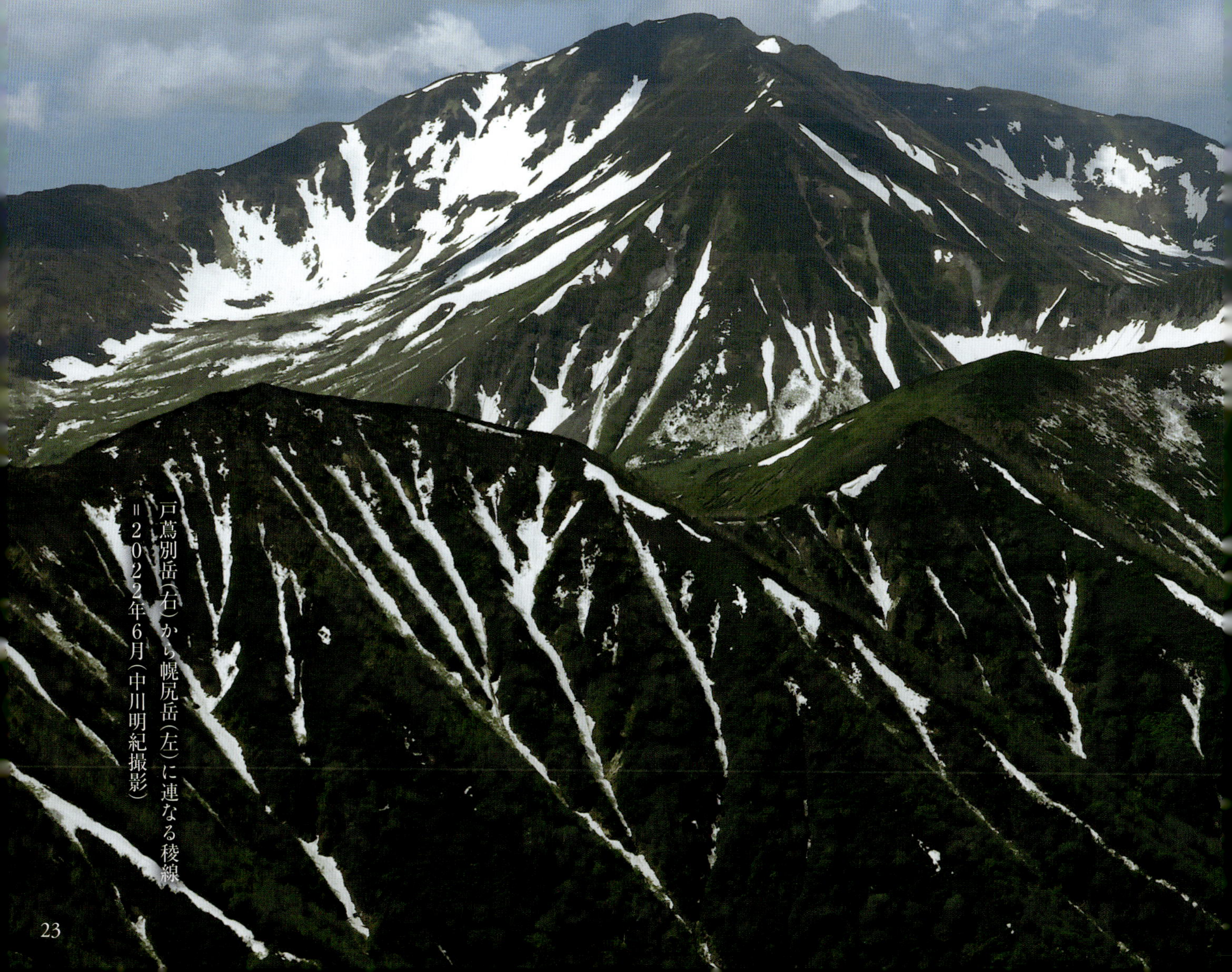

戸蔦別岳（右）から幌尻岳（左）に連なる稜線＝2022年6月（中川明紀撮影）

1928年（昭和3年）7月7日～16日、
案内人・水本文太郎を含む5人で、
戸蔦別川～ピリカペタヌ沢～
札内岳～札内川上流～八ノ沢～
カムイエクウチカウシ山往復～札内川を遡行し、
カムイエクウチカウシ山に
慶応大山岳部に1日遅れの第2登で
山頂を踏んだ北大山岳部パーティ、
相川修の「回想の日高山脈」
（日本山岳会北海道支部編「日高山脈の先蹤《せんしょう》者　相川修遺稿集」）から

登山という近代スポーツの洗礼を受けはじめたころの日高山脈は、いかにも新鮮であり深窓《しんそう》育ちの情趣があった。その奥行の広さがあった。そして原始の侭《まま》の姿であった。

話は四十年前に遡《さかのぼ》って始められることになるのだが、札幌に産《う》まれ育ち、札幌西郊の山々、大雪山中央高地、蝦夷富士、駒ヶ岳、その他には北海道には山はないものと、視野の狭かった私にとって、日高山脈を経験したことは大きな驚きであった。

　原始の密林を縫う広潤《こうじゅん》な河川、奔流《ほんりゅう》の渦巻く中流の沢、縣屹《けんきつ》の上流の滝の連続、そして太古の侭《まま》の山頂。とは言え、そのいくつかの要所々々には陸地測量部の僅《わず》かな石標が遺《のこ》されていたし、その仕事に携わったアイヌ民族の案内に導かれて、漸《ようや》く日高の山々に入っていた時代であった。

戸蔦別岳、北戸蔦別岳、1967峰など1900m級の山々に囲まれた戸蔦別川源流の光景
＝2022年6月（中川明紀撮影）

真夏、清冽透冷《せいれつとうれい》の川水に浸《ひた》って歩む沢漕《こ》ぎ、函《はこ》の側壁に足場を求めながら、深潭《しんたん》の碧青《へきせい》の水を渡る渡渉《としょう》、これらは実に新しい経験であり、大きな冒険であり、又探検でもあった。当時このような原生自然の姿の世界が、この世にもあったのかと、思わず歓声をあげたことであり、その魅力の擒《とりこ》となり、機会ある毎に未開に近い連嶺《れんれい》を訪れることになったのだが、今にして思えば、まだまだ登り足りない思いに臍《ほぞ》を噛《か》む感がないでもない。

日高山脈の清冽透冷な沢のなかを歩む
＝2011 年 8 月、ヌビナイ川（黒川伸一撮影）

戸蔦別川は、楽しい美しい沢であった。固い古生層を剃《そ》り抜いた、余りの困難でない函の連続とか、急奔《きゅうほん》の岸辺のトラバースに新しい草鞋《わらじ》の感触を喜んだ。続いて、その名の通り美しいピリカペタン（ヌ）を通って、札内岳の頂上に達した時であった。文太郎（注・案内人の水本文太郎のこと）は周囲を見廻《まわ》すや否《いな》や、急いで背の荷物をおろして次の瘤《こぶ》目指して這松《はいまつ》をこぎだすのだ。

戸蔦別川を行く
＝２０１３年７月（黒川伸一撮影）

相川らが遡行したピリカペタヌ沢源流と札内岳山頂（中央の鋭峰）。山頂の向こう側で親子グマと遭遇したため、尾根通しにカムイエクウチカウシ山（尾根の左の方向）に向かうのをやめて札内岳左側の札内川に下りたという
＝2024 年 9 月（黒川伸一撮影）

「どうしたんだ、水本」「クマが居るゾ」
「なにイ」。

よく見ると、大きな熊が二頭の小熊を連れて百メートル程離れた尾根の瘤《こぶ》の上にいるではないか。山刀《やまかたな》一丁を腰に帯びただけで、文太郎が頂上を駆け降りる間もなく、熊は当方の気配に気付いて、親熊から北方の沢頭へと遁走《とんそう》すれば、それに続いて小熊達もあわてて姿を消してしまった。我々はホッと胸をなでおろしたが、文太郎はガッカリしたと帰って来た。さすがに狩人《かりうど》は年をとっても豪胆《ごうたん》なものと、これには感心させられたことであった。

熊の騒ぎも収まって漸《ようや》く四囲《しい》の景色を見廻すと、はじめての日高山脈とはいいながら、その眺めの素晴らしさに、驚嘆の眼《め》を見張らない訳にはゆかなかった。それ迄《まで》に経験した北海道の山々にありがちな円《まろ》やかな尾根、平

札内ジャンクションピーク付近から見たエサオマントッタベツ岳山頂。この尾根の右側に優美な北東カールが広がる＝２０２０年８月（黒川伸一撮影）

八ノ沢カールからカール壁越しにカムイエクウチカウシ山山頂を見る＝2012年7月（黒川伸一撮影）

の多い峯を見慣れた我々にとって、このようにも鋭い尾根の連続があったのかと啓蒙され、又エサオマントッタベツ岳の圏谷《カール》の優美なこと、南方には国境尾根が重畳《ちょうじょう》延々と連なり、夫々《それぞれ》に小さな圏谷を懐《いだ》いている形のよき、その盟主一九七九・四メートル峰（後になってカムイエクウチカウシ山と名付けられた）の壮大さに感激するのであった。それらは今迄写真などにより憧れていたアルプスの山々、また我国の信州・飛騨の山脈に相似た姿をもっているものであった。その札内岳は十勝側に派生した尾根上にあるだけに、誠に良き展望台であり、日高山脈の典型的な相貌《そうぼう》を余す所なく我々に展開してくれるのであった。

しかし、それからの隊の行動は熊に機先《きせん》を制せられてからか、日勝国境尾根に続く尾根筋の這松の密林に阻《はば》まれたことに由《よ》ってか、一行は尾根縦走を取止めて、札内川上流へと下って行くので

あった。しばらくして八の沢の合流まで来ると、野営跡があって焚火《たきび》の灰が未だ暖かい。慶応の山岳部の連中が日高に入ると聞いていたが、一歩先を越されたのであった。熊に驚かされ萎縮《いしゅく》さえせずに尾根筋を直行すれば、国境尾根はお花畠《ばたけ》で歩き易《やす》くなるのだから、今宵《こよい》はカムイエクウチカウシの頂上近くまで行けたのではなかったろうか。果して八の沢を遡って右股の急峻の雪渓を登りきると、カムイエクウチカウシ山の北の鞍部《あんぶ》に再び新しい野営場があった。正に一日遅れで一九七九・四メートル峰のカムイエクウチカウシ山は、慶応の斎藤長寿郎氏などの一行により登頂されていたのだ。

それでも尚《なお》、山はお花畠で美しく粧《よそお》っている。天候は素晴らしい。カムイエクウチカウシ山の頂上は悠然《ゆうぜん》としていた。

カムイエクウチカウシ山の頂上付近は美しいお花

カムイエクウチカウシ山山頂
近くのお花畑
＝2017年7月（黒川伸一撮影）

畠であった。ここから眺めやる幌尻岳は、日高山脈の大御所にふさわしく、その名の示す如《ごと》く大らかにどっしりと，七ッ沼の圏谷に残雪を鏤《ちりば》めて構えている。その左側にイドンナップ岳が、日高の山奥深く密林の中に収まっている。南の方に連なる国境の峯々は、鋭い尾根筋を重なり合わせて連なり、国境より分岐している一八三九メートル峰は、ヤオロマップ岳の右に続いて、鋭角を画《えが》いて素晴らしく立派に見える。そんな感じ取り方は誰しも同じとみえて、その前日に登頂した慶応の斎藤氏も、これらに魅せられ、再びイドンナップ岳、一八三九メートル峰を目指して出かけ、何《いず》れも私の先鞭《せんべん》をつけていたことが後になって知らされた。それらの登頂は、後述することになるであろう。

　私は第一回目の日高山脈の登山で、この山脈の奥知れぬ魅力を感じとったと申しても過言ではないのだ。

※執筆は１９６９年（昭和44年）９月。一部表現を修正しています。

主稜上のヤオロマップ岳（左）から派生した尾根にある1839峰（右）＝2022年6月（黒川伸一撮影）

CHAPTER 2

貴重な自然の恵み

日高山脈の地質と地形、人との関わり

日高山脈は、なぜ山になったのか？

日高山脈博物館（日高町）学芸員 東《あずま》 豊士《とよと》

日高山脈は、北海道中央南部に位置する山脈で、長さは約140キロメートルに及びます。最高峰は幌尻岳（2052メートル）で、主稜線はおおむね1500～2000メートルの標高です。たいへん急峻な地形をしていることもよく知られていて、主稜線の周囲には、多くのカールやモレーンなどの氷河地形が分布しています。

「日高山脈は、プレートがぶつかって、めくれあがって山になった」という説明は、よく聞くようになったのではないでしょうか。プレート同士がぶつかって、ぶつかってきた方のプレートがめくれあがって山になるという現象は、地球上でもなかなか珍しい現象です。そのため、日高山脈では、プレートの断面がそのまま地上で観察できるという、地質学的にも貴重な場所となっています。

日高山脈の連なりに注目すると、日高山脈は、佐幌岳付近から緩く西側へカーブを描きながら襟裳岬で太平洋に没していきます。

さらに海底地形にも注目すると、その連なりに続くように、襟裳海脚[*1]が千島海溝と日本海溝の会合部の深部にまで達しています。

＊1：襟裳岬から千島海溝・日本海溝会合部付近まで伸びる海底の高まり。

どうやら、日高山脈の地形的高まりは、海底の地形にも大きく影響を及ぼしているようです。すなわち、日高山脈を形作るプレート同士の衝突は、海溝付近

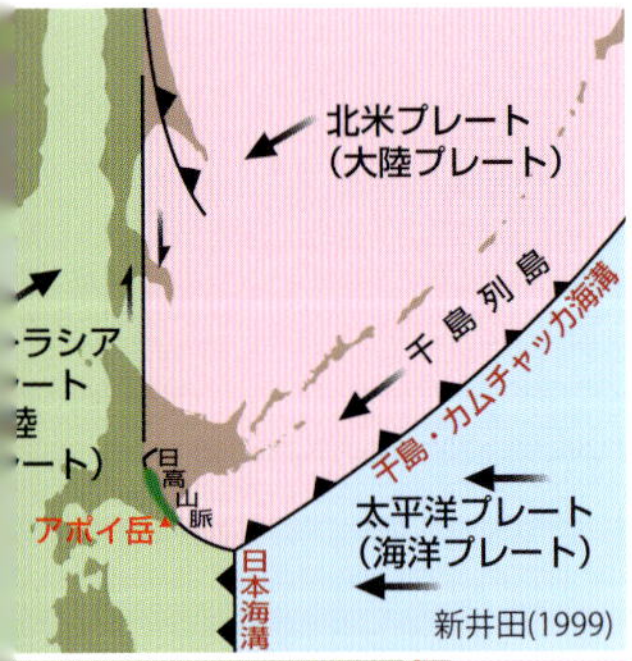

上：約1,300万年前のプレート配置図
下：現在のプレート配置図＝アポイ岳ジオパークビジターセンター提供

から北海道の中央部付近まで、広い地域にも及んでいるということです。

さて、日高山脈の形成を少々詳しく説明しますと、『現在の日高山脈は、北米プレートの南側の縁の千島列島を乗せた「千島前弧《ぜんこ》スリバー」*2が、太平洋プレートの斜め沈み込みによって西進し、ユーラシアプレートに衝突し、めくれあがって、約1300万年前に地表（※海底を含む）に現れ始め、そこからもずっと上昇を続けて形成された』ということになります。日高山脈の形成には、いくつかの要素が絡んでいるようです。ひとつずつ読み解いていきましょう。

＊2：海溝から火山フロント付近の横ずれ断層付近までの一帯で、海溝に平行な細長い地塊（いわばマイクロプレート）として、海溝に沿って移動している部分を前弧スリバーという。千島海溝～千島島弧（火山フロント）一帯で確認されるものを千島前弧スリバーと呼んでいる。

衝突するプレート

太平洋プレートは、図1のように千島海溝に沈み込んでいきますが、海溝に直交する方向では沈み込んでいません。太平洋プレートの進行方向は、海溝に直交する方向（おおむね北西方向）より、かなり西向きの方向で、海溝に対しては斜めに沈み込んでいます。海溝に直交して沈み込んでくれれば、千島前弧スリバーには、「余計な」ストレスはかからないのかもしれません。

地殻やプレートも人間と同じで、ストレスは解消する必要があります。海溝から100キロメートル以上離れたところには、千島列島や知床半島などの火山が連なっている火山地帯があり、たいへん高温のマグマが上昇してきています。そのようなプレートの上部はたいへん脆《もろ》くなって

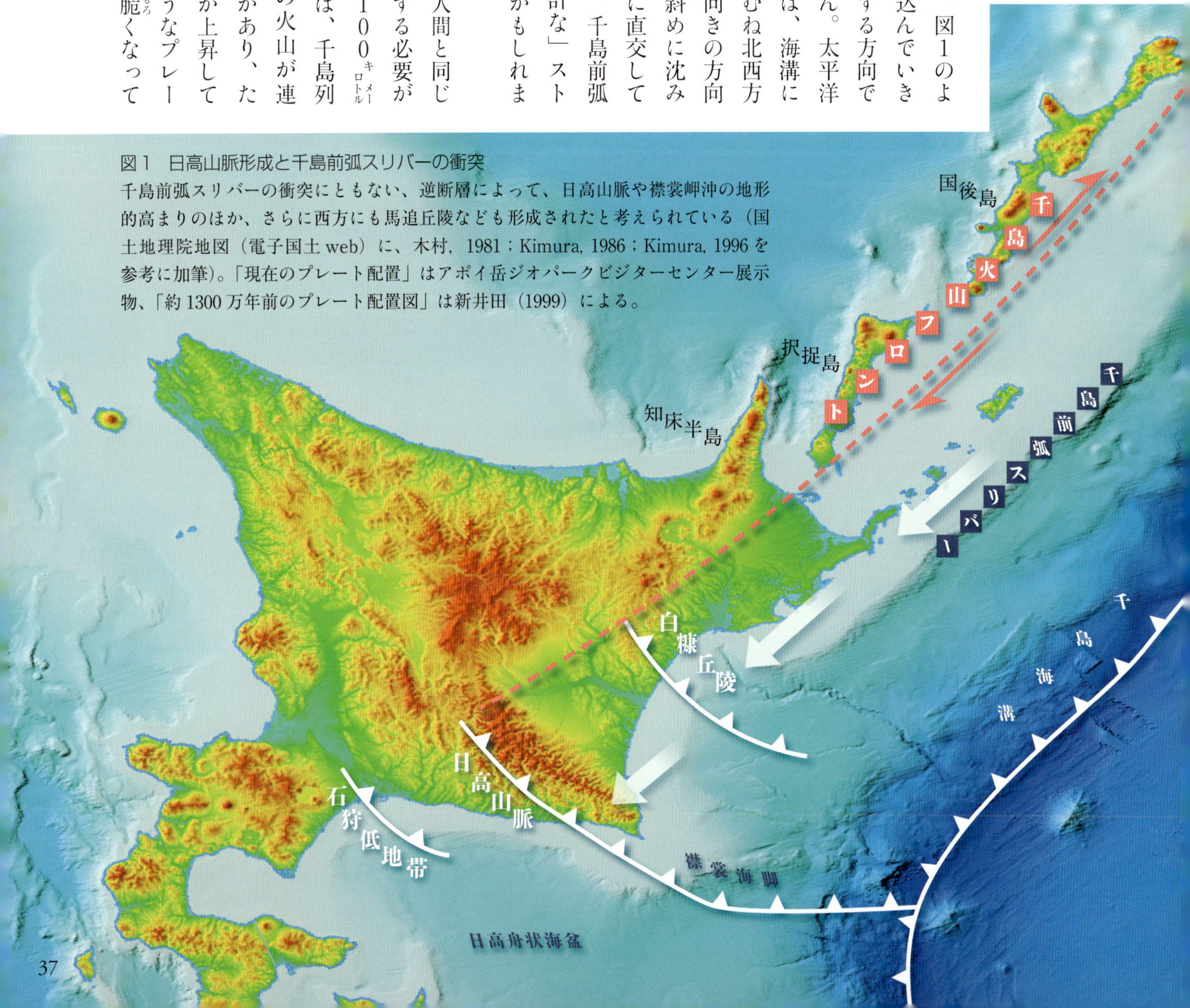

図1　日高山脈形成と千島前弧スリバーの衝突
千島前弧スリバーの衝突にともない、逆断層によって、日高山脈や襟裳岬沖の地形的高まりのほか、さらに西方にも馬追丘陵なども形成されたと考えられている（国土地理院地図（電子国土 web）に、木村，1981；Kimura, 1986；Kimura, 1996 を参考に加筆）。「現在のプレート配置」はアポイ岳ジオパークビジターセンター展示物、「約 1300 万年前のプレート配置図」は新井田（1999）による。

いる部分でもあります。脆《もろ》くなっている火山地帯の地殻が、横ずれに動くことによって、斜めに沈み込まれるストレスを解消しているのかもしれません。

そのために、千島前弧スリバーは西進し、日高山脈を形作る衝突を起こしたのでしょう。そして、その衝突は、現在も続いています。日高山脈から西に目をやると、同じ逆断層による高まりである馬追《うまおい》丘陵があります。千島前弧スリバーの衝突の最前線であると考えられているところです。

日高山脈を形作る岩石

現在の日高山脈が、地表に現れ、山になり始めたのは、約1300万年前であるとされています。日高山脈周辺の堆積岩の地層の中からは、現在の日高山脈を形成する岩石の礫《れき》（破片）が見つかることも多いのですが、1300万年前より新しい年代の地層からしか見出されていません。そのころには日高山脈は、地表に現れていて（標高などは不明ですが）、浸食作用を受けて崩れたものが、海底の砂や泥に含まれていたということです。

例えば、新冠町の判官館周辺にある元神部層は、1300万年前より新しい時代に堆積した地層ですが、その地層の中には、日高山脈を構成する岩石の礫が観察されます。特に、黒と白のしましま模様が特徴的な「黒雲《うん》母片麻岩《もへんまがん》」などが、観察しやすいと思います。

日高山脈を形成する岩石は、どのような岩石なのでしょうか。日高山脈のもとになった北米プレートの地殻断面としては、図2の模式柱状断面図のようになっています。この図は、おおよその岩石の量比を元に示しています。先ほどの黒雲母片麻岩は、図2を見ると、おおむね地

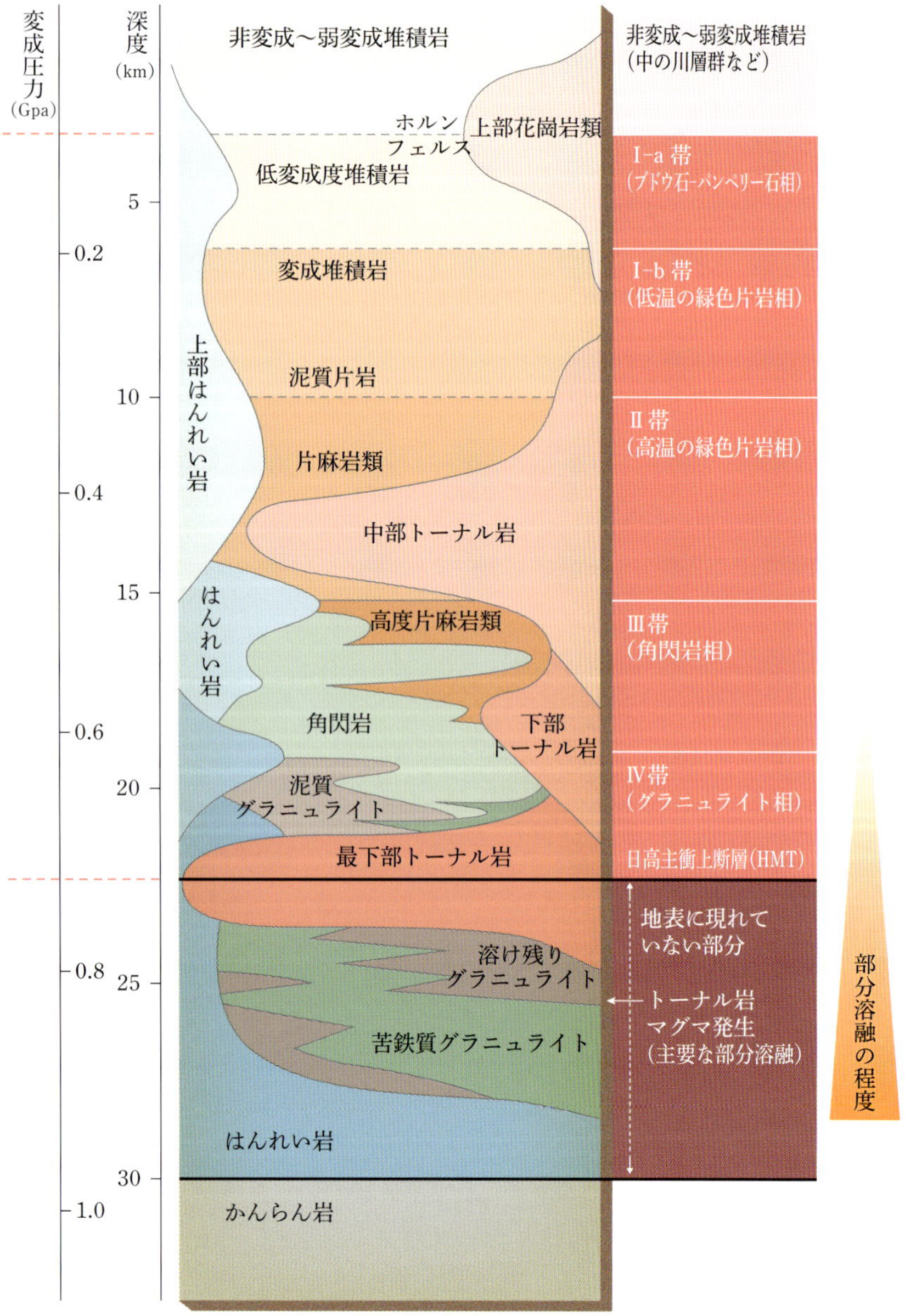

図2　日高山脈を形成した地殻の模式柱状断面図
日高山脈の岩石の研究から推定したもので、おおよその量比で示している。最下部トーナル岩中部より深部の岩石は、日高主衝上断層の活動により、地表には現れていない（小松ほか，1986；小山内ほか，2006 に加筆）。

下10キロメートルより深いところにあって、Ⅱ帯というゾーンに分布しているものです。地下30キロメートル付近には、マントルかんらん岩との境界がありますが、そこより上部の地殻のうち、日高主衝《しゅしょう》上《じょう》断層の活動によって、およそ地下22〜23キロメートルより上部の岩石が地表に現れて、日高山脈の大部分を形成しています。地質学的には、この部分を「日高変成帯」と呼んでいます。日高変成帯は、深いところからⅣ帯・Ⅲ帯・Ⅱ帯・Ⅰ-b帯・Ⅰ-a帯と区分されています。

めくれ上がる地殻

上昇の仕方もたいへん特殊な状況であるといえるでしょう。図3を見ると、千島前弧スリバーの地殻断面である日高変成帯は、「ワニの口」のように、日高主衝上断層によって上部と下部がぱっくりと分けられています。このような構造をウェッジーデラミネーション構造[*3]といいます。

日高主衝上断層より浅い部分は、高角度で地表にめくれ上がるようにして現れていて、日高主衝上断層より深い部分は、深く沈み込んでしまっています。地表では、最も深い部分が日高主衝上断層すぐそばに現れていて、そこから東に向かうにつれ、浅い部分が順々に現れているという構成をしています。また、日高主衝上断層の西側には、日高変成帯を持ち上げてくるときに、こそぎ取られるようにして上昇してきた地質帯があります。ユーラシアプレートの下部にあった、ポロシリオフィオライトやイドンナップ帯などです。特に、ポロシリオフィオライトは、沈み込んでいた昔の太平洋プレートの断面で、日高変成帯と同じような深さに位置していました。なお、ポロシリオフィオライトは、研究者の解釈によっては、日高変成帯も属する地質帯である「日高帯」に含む場合もあれば、日高帯より西の地質帯の「空知–エゾ帯」に含む場合もあります。

一方、図2や図3からは、かんらん岩は、日高主衝上断層よりも下部にあるため、上昇してこないのではないかと思われるかもしれません。例えば、図3のように千島前弧スリバーがワニの口のようにぱっくり割れたときに、そのすぐ近くにあった

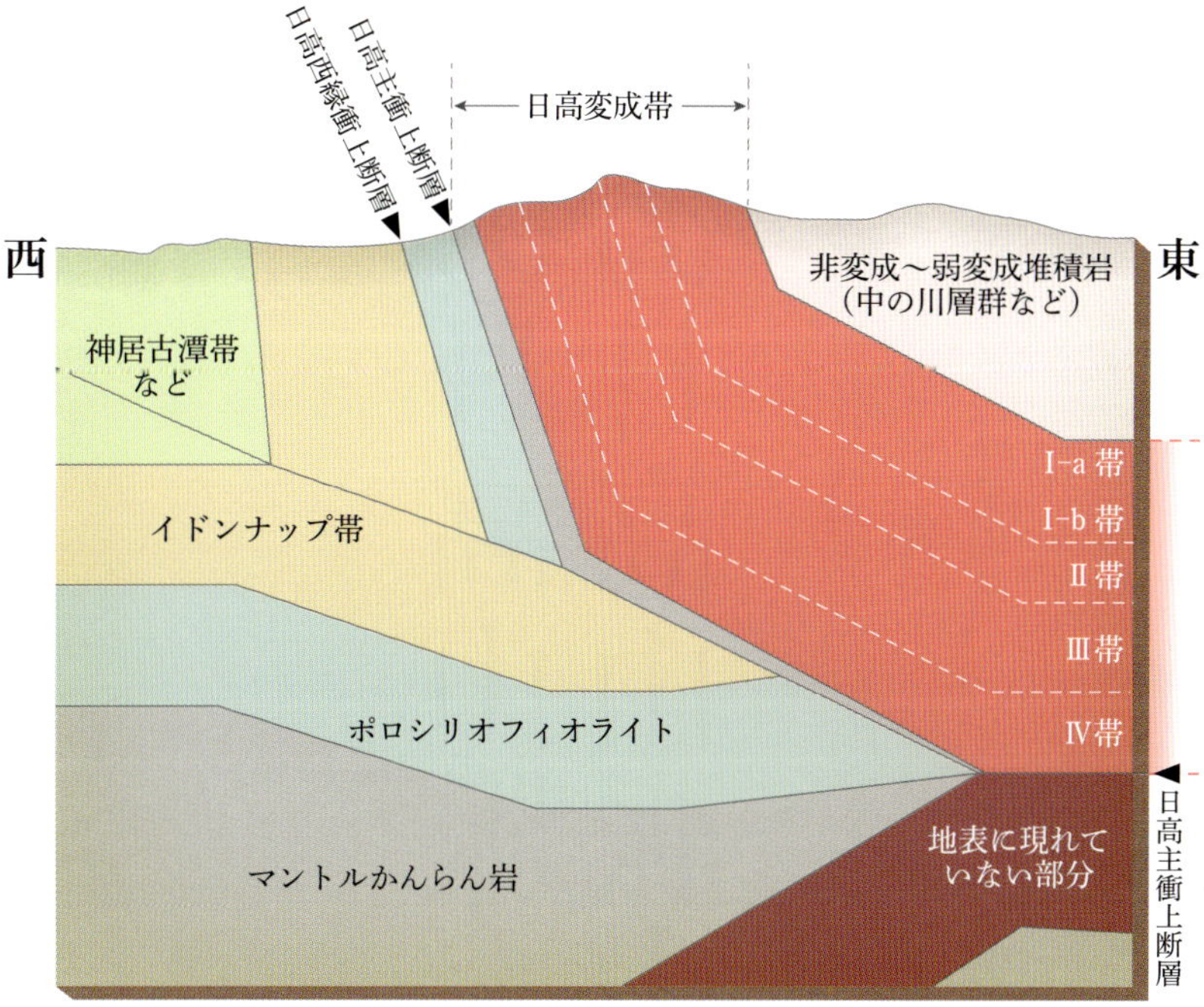

図3　日高山脈周辺の深部地質断面の概略図
地表に現れていない最も深部の地殻の部分は、日高主衝上断層の活動により、ワニの口のように層が剥がれるデラミネーション構造をしていて、深部に沈み込む形になっている（Ueda, H., 2016；伊藤, 2000；小松ほか, 1986；小山内ほか, 2006 を参考に加筆）。

＊3：地殻の分離現象のこと。地殻の下部が高度な変成作用を受け、周囲のマントルより密度の高い変成岩が形成され始めると、その部分がマントルへ引きずり込まれるようになり、地殻が剥離・分離し、ワニの口のように、地殻がぱっくり割れるような形になる。

かんらん岩が、引っ掛けられるかのように、そのまま日高主衝上断層の活動によって押し上げられたと考えると、日高主衝上断層のすぐそばに、大小のかんらん岩体が存在するということになりそうです。そのようなかんらん岩体の中で、もっとも大きく、岩石学や地質学の分野においても世界的に有名なかんらん岩体が、アポイ岳とその周辺に位置する「幌満かんらん岩体」です。

　このような岩石の構成をしている日高山脈やその周辺の地質や岩石については、東西断面をとると、図4のような分布になります。この図では、主要な岩石を概ねの位置で示していますが、全ての岩石の種類と正確な位置を示したものではありません。いずれにしても、日高主衝上断層のすぐそばに、日高変成帯のもっとも深い部分が現れていて、東に向かって順々に浅い部分が現れているという様子が、図2とあわせてご理解いただけるかと思います。特に日高主衝上断層のそばでは、地下深部の高温条件下で断層の活動によって大きく引き伸ばされるように変形・再結晶してマイロナイト*4化したかんらん岩やトーナル岩も観察されます。図4に掲載している岩石の写真は、日高山脈博物館の収蔵資料などですが、日高山脈の露頭や日高山脈一帯を流域とする河川でも観察できますし、アポイ岳ジオパークビジターセンターなど日高山脈の近くにある博物展示施設にも、豊富な資料が展示されています。（国立公園指定区域内の露頭や河川などの現地での観察には、自然公園法を遵守してください）

「地質」としての日高山脈と、「地形」としての日高山脈の違い

　日高山脈の断面を表した図4では、日高山脈の範囲を、日高変成帯とポロシリオフィオライトの分布域としています。この範囲は、「地質学的な日高山脈」の範囲としてのものです。例えば、日高山脈最高峰の幌尻岳は、その名前を冠した地質帯であるポロシリオフィオライトに属しています。一方、皆さんが思い浮かべる日高山脈は、山がはっきりと連なっている

はんれい岩（日高変成帯）

トーナル岩（ザクロ石含有：下部〜最下部？）（日高変成帯）

黒雲母片麻岩（日高変成帯）

トーナル岩（日高変成帯）

花崗岩（日高変成帯）

＊4：断層の変形によって形成される断層岩で、断層深部の変成作用を受けるような高温の領域中で、壊れることなく元に戻らない塑性《そせい》変形した（塑性流動を受けた）岩石。

という、地形としての日高山脈ではないかと思います。「地質学的な日高山脈」であったり「地形的な日高山脈」であったりと、一つのものを二つの意味合いで定義づけようとすると、必ずといっていいほど、両方に当てはまらないものが出てきてしまいます。

その例の一つとして、日高山脈を構成する山岳の一つであるイドンナップ岳は、「地形的」には日高山脈ですが、その名前を冠する地質帯である「イドンナップ帯」に属するので、「地質学的」には日高山脈ではないというような、少々厄介《やっかい》なことも起こってしまいます。日高山脈の見方も、さまざまにあるということです。

さて、「地形的」な部分について、日高山脈の特徴的な地形としては、氷河地形を思い浮かべる方が多いと思います。氷河地形は、氷河が存在していたことを示すもので、日高山脈の急峻

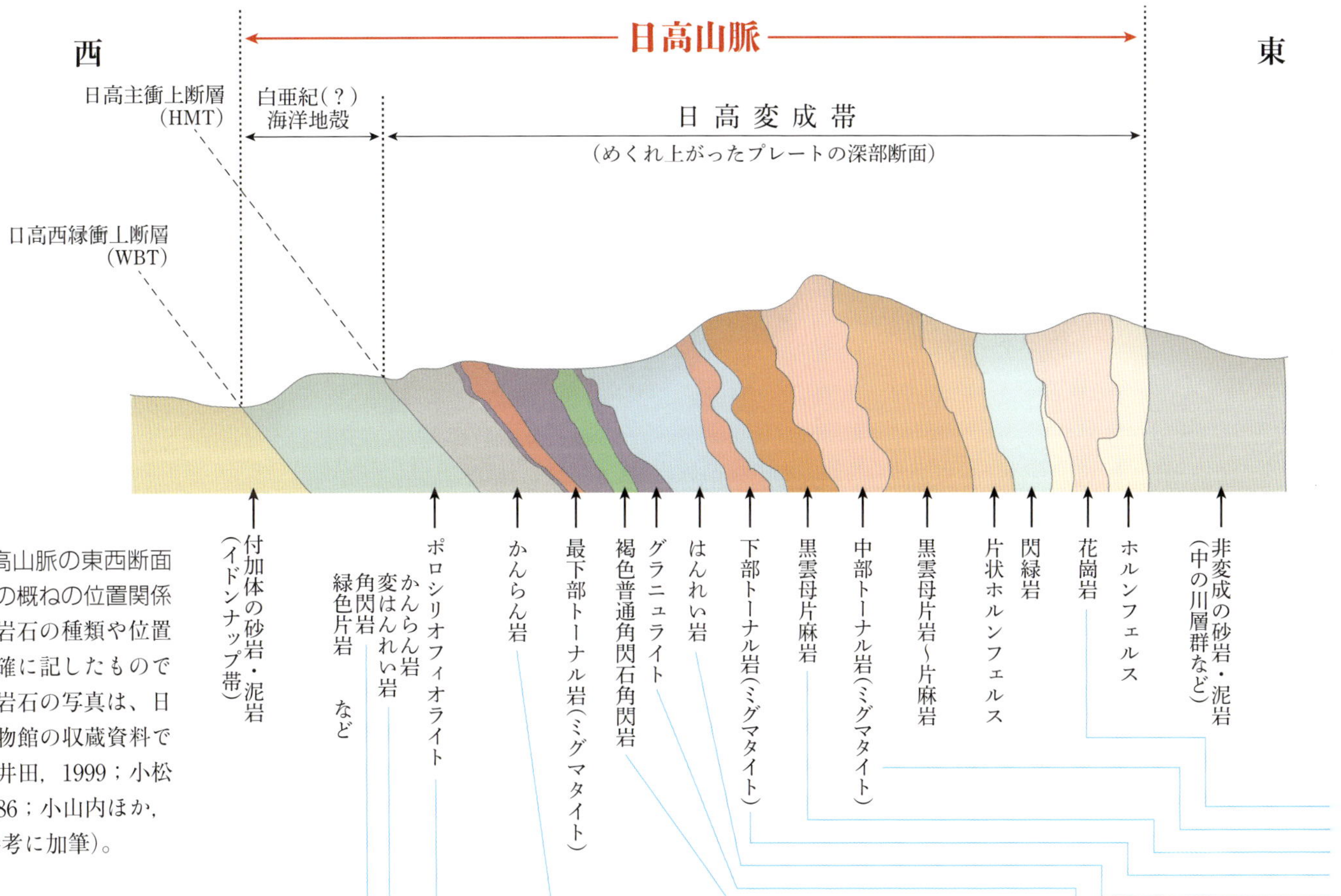

図4　日高山脈の東西断面図と岩石の概ねの位置関係　すべての岩石の種類や位置関係を正確に記したものではない。岩石の写真は、日高山脈博物館の収蔵資料である（新井田，1999；小松ほか，1986；小山内ほか，2006 を参考に加筆）。

地質的に異なるイドンナップ岳（正面が山頂）周辺の稜線（黒川伸一撮影）

切り立った岩峰が目立つエサオマントッタベツ岳のカール（黒川伸一撮影）

な地形を形作っている重要なファクターの一つになっています。

幌尻岳周辺には、氷河地形のカールやモレーンをたくさん見ることができます。カールとは、稜線に積もった雪が、圧縮されて堅い氷となって移動することで、山腹をまるでスプーンで丸くえぐったように削られた地形です。日高山脈には、特に主稜線の東～北向きの斜面には、30を超えるようなカールが形成されています。*5

カールの底は平坦な地形になります。カールの周辺では、氷河にけずられた痕跡（氷河擦《さっ》痕《こん》）、また、カールの先端部分（氷河の最も先の部分）には、モレーン（氷河によって削り運ばれた岩片や土砂などが堆積した長い丘のような地形）などが見られます。他にも、戸蔦別岳やカムイエクウチカウシ山のように、複数の方向から氷河による浸食を受けて険しく切り立った岩峰を形作る氷食尖峰《せんぽう》、カムイエクウチカウシ山周辺に顕著な険しく切り立った稜線のアレート*6、戸蔦別川や札内川十の沢・八の沢の氷食谷など、氷河によって浸食されてできた地形によって、日高山脈の形は大きく特徴づけられています。

日高山脈に数ある氷河地形の中で、特に有名なものは七ツ沼カールではないでしょうか。七ツ沼カールは、登山シーズンの夏場には多くの沼地が点在し、それが名前の由来にもなっています。沼の数は必ずしも七つというわけではなく、天候などによって数が変わるそうです。七ツ沼カールをはじめとするカールでは、氷河期の生き残りである高山植物やナキウサギ、ヒグマの楽園となっています。

戸蔦別川源流、戸蔦別岳のカール。カールの底は平坦だ（黒川伸一撮影）

幌尻岳～戸蔦別岳の間に形成された七ツ沼カール（田中健撮影）

＊5：カールの数については、地形の数え方や定義などによって、諸説あるようです。

＊6：氷河による浸食によって生じた急峻な稜線。

氷河地形を作った「最終氷期」

　日高山脈の山並みを作る氷河地形が形成された時期は、「最終氷期」を中心とした時期です。最終氷期は、約7万年前に始まり、約2万1千年前に最盛期を迎え、約1万年前に終了したことがわかっています。

　ちなみに、現在は「氷河時代」です。そのようなことを聞くと、「最近の夏はたいへん暑い日が多いのに、氷河時代とはどういうことか…？」「最終氷期は1万年前に終わったのでは…？」と違和感を覚えるのではないでしょうか。氷河時代とは、南極と北極に氷床が存在する時代のことを指しますので、現在はまぎれもなく氷河時代で、それは約260万年前に始まりました。しかし、氷河時代といっても、常に寒冷なわけではありません。氷床が発達する「氷期」と、氷床が後退する比較的温暖な「間氷期」が、約10万年の一定の周期で繰り返されています。現在は、比較的温暖な間氷期にあたります。

　日高山脈の氷河地形を形作った、約7万年前〜1万年前あたりの氷期は、もっとも最近の氷期ということで「最終氷期」と呼ばれています。このころ、北海道付近の平均気温は今より7〜10℃ほど低かったといわれています。札幌の平均気温が約9℃ですので、札幌の平均気温も0℃近い温度であったでしょう。森林限界高度も現在より1000メートル以上低かったといわれています。ちょうど、日高山脈博物館がある日高町日高地区でも、当時は森林限界高度を越えていて、樹木も育たず、地中温度が頻繁に0℃を上下していた地域となっていて、周氷河地形*7が広がっていたのではないでしょうか。周氷河性斜面の堆積物は、日勝峠などで発見されていますし、日高町日高地区の日高中学校の位置する凹凸の少ない段丘面も、周氷河作用により作られた可能性も考えられます。

＊7：地中温度が頻繁に0℃を超えたり下回ったりするために、地中の水分が凍結や融解を繰り返して、岩石などの凍結破砕が活発に生じることで形成される地形。

　そのころの海にも目を向けてみると、氷床の発達によって、海水準（長期的に観測した平均的な海水面の高さ）も、現在より約120メートル低かったらしく、そのため、ユーラシア大陸とサハリンを隔てる間宮海峡（水深約10メートル）、サハリンと宗谷岬を隔てる宗谷海峡（水深約30〜70メートル）は、このころには陸地となっていたでしょう。そのため、北海道と大陸は陸続きになり、現在も北海道に生息するエゾシカやヒグマ、ナキウサギの先祖が北海道に渡ってきました。もちろん、ヒトもです。そして、北海道の中でも標高が高く、非火山性の日高山脈には、氷河が発達していました。

　その最終氷期の最中、日高山脈の地形を形づける、氷河地形が形成されたことは、さまざまな研究によって明らかです。日高山脈の氷河地形の存在は、第二次世界大戦前から知られていましたが、研究が大きく発展したのは戦後のことで、特に氷河地形の研究は、航空写真の判読によって、大きく発展しました。さらには、氷河地形で見出された火山灰の年代の検討によっても、氷河地形の研究はさらに大きく進みました。そして、こうした研究から、ポロシリ亜氷期とトッタベツ亜氷期という、最終氷期の中で二つの、日高山脈の山岳の名前を冠する亜氷期が定義づけられています。

現在では、日高山脈に見られる氷河地形の大部分は、主に、ポロシリ亜氷期（約4万年前）とトッタベツ亜氷期（約2万年前）の二つの亜氷期によって、大きく形成されたと考えられています。

万物の礎である地質と地形

さて、ここまで日高山脈の地質と地形について、おおまかに説明しました。皆さんがよくイメージする日高山脈の雄大な自然、主に動物や植物については、1300万年前から、プレートの地殻がそのままめくれ上がるという、珍しい地質現象で上昇して形成された日高山脈の地質と、7万年前からの最終氷期を中心に形作られた地形が、そのベースとなっていることは疑いようがない事実です。さらにそ

紅葉に染まる氷河地形の産物・幌尻岳の北カール（黒川伸一撮影）

の雄大な自然の恵みを求めて、人間も移ってきました。そういう意味では、人間の歴史や文化も含め、全てのベースは地質や地形であるといってもよいかもしれません。

人間の歴史のスパンからすると、日高山脈の地質や地形は、気の遠くなるほどの長い間、継続して形成され育まれたものであることは、大変重要なことだと思います。地質学や岩石学などでは、年代を示す単位として、よく「Ma」を使用します。これは、「100万年前」を示すものです。

1Ma＝100万年前なので、日高山脈の上昇し始めた1300万年前は、13Maです。最終氷期の7万年前は、0・07Maです。ちなみに、筆者の感覚からすると、1Maは「ごくごく最近」です。

日高山脈を含む日高山脈襟裳十勝国立公園の指定区域には、日高山脈の主稜を占める日高変成帯やポロシリオフィオライトだけではなく、周辺のイドンナップ帯や神居《かむい》古《こ》潭《たん》帯、中の川層群など、多くの複雑な地質帯が含まれていることも重要です。これらの地質帯は、約2億年以上前（200Ma以上）からの地球の変動の歴史が凝縮されている部分で、北海道中央部に位置し、北海道の形成でもよく話題に上り、現在も研究が盛んで、大変魅力的な地質帯です。

そのような地質を有する日高山脈襟裳十勝国立公園には、地質と人間の歴史や文化とのかかわりを示すサイトも多く存在します。

例えば、日高町の「サンゴの滝」は、それを示す重要な遺構の一つです。「サンゴの滝」は、1940年（昭和15年）に、神居古潭帯の蛇紋岩《じゃもんがん》体に点在するクロム鉱山の一つ、八田右左府《はったうさっぷ》鉱山から採掘されたクロム鉄鉱の運搬道を造るため、沢の水を迂回《うかい》させてできた人造の滝です。

1970年（昭和45年）にその滝の近くから、六射《ろくしゃ》サンゴの化石（日高山脈博物館に展示）が発見されたことが名称の由来で、国土地理院の地形図にはその名が記載されています。

また、北海道内の縄文時代の遺跡から発見される玉類や石斧《せきふ》などの遺物は、アオトラ石（緑色岩の一種）や緑泥石岩、日高ヒスイや蛇紋岩などの岩石を加工して作られていますが、それらの岩石は神居古潭帯、特に日高町や平取町で多く見られ、この地域はそれら遺物の石材の産地の一つである可能性が高いと考えられます。ほかにも、縄文時代の石器石材としてよく利用されていた珪質頁岩《けいしつけつがん》やチャートも、普遍的に産出しています。日高山脈襟裳十勝国立公園のベースとなる地質は、約1万5000年前（約0・015Ma）より始まった縄文時代から、人間の歴史や文化を支えていたのかもしれません。

まさに、日高山脈襟裳十勝国立公園は、2億年以上前からの地球の活動の歴史や北海道の形成過程に加え、それらの複雑な地質の上に形成されている人間の歴史や文化にもアプローチすることができる、スケールのたいへん大きい国立公園であるといえます。

そのような貴重な国立公園を、無駄に傷つけることなく大事にしつつ、その魅力を楽しんでいただければ幸いです。

文献

・木村学　1981、地質学雑誌　87、757-768。
・Kimura, G., 1986, Geology, 14, 404-407.
・Kimura, G., 1996, Island Arc, 5, 262-275.
・新井田清信　1999、日高山脈：島弧深部でできた岩石。北海道大学総合博物館学術資料展示解説書「北の大地が海洋と出会うところ―アイランド・アーク―」22-28。
・小松正幸ほか　1986、地団研専報　31、189-203。
・小山内康人ほか　2006、地質学雑誌　112、623-638。
・Ueda, H., 2016, In Moreno, T., Wallis, S., Kojima, T. and Gibbons, W. eds., The Geology of Japan. Geol. Soc., London, 201-221.
・伊藤谷生　2000、石油技術協会誌　65、103-109。

国立日高青少年自然の家（日高町）付近を流れる三号の沢川上流左岸にあるサンゴの滝。落差は約26㍍ある（東豊土撮影）

田中マサヒトさんの「花ガイドツアー」から

アポイ岳の花めぐり

アポイ岳周辺には 20 種の固有植物を確認できる

サマニユキワリ

サマニオトギリ

ヒダカソウ

様似町在住の田中マサヒトさんの「花ガイドツアー」を通じて、希少な植物が多いアポイ岳登山道周辺の観察ポイントを覗いてみよう。

（2024年5月下旬、取材・黒川伸一）

①アポイ岳登山口へ

②沢を渡って1合目へ

エゾキスミレ

③1合目で

④第2休憩所で

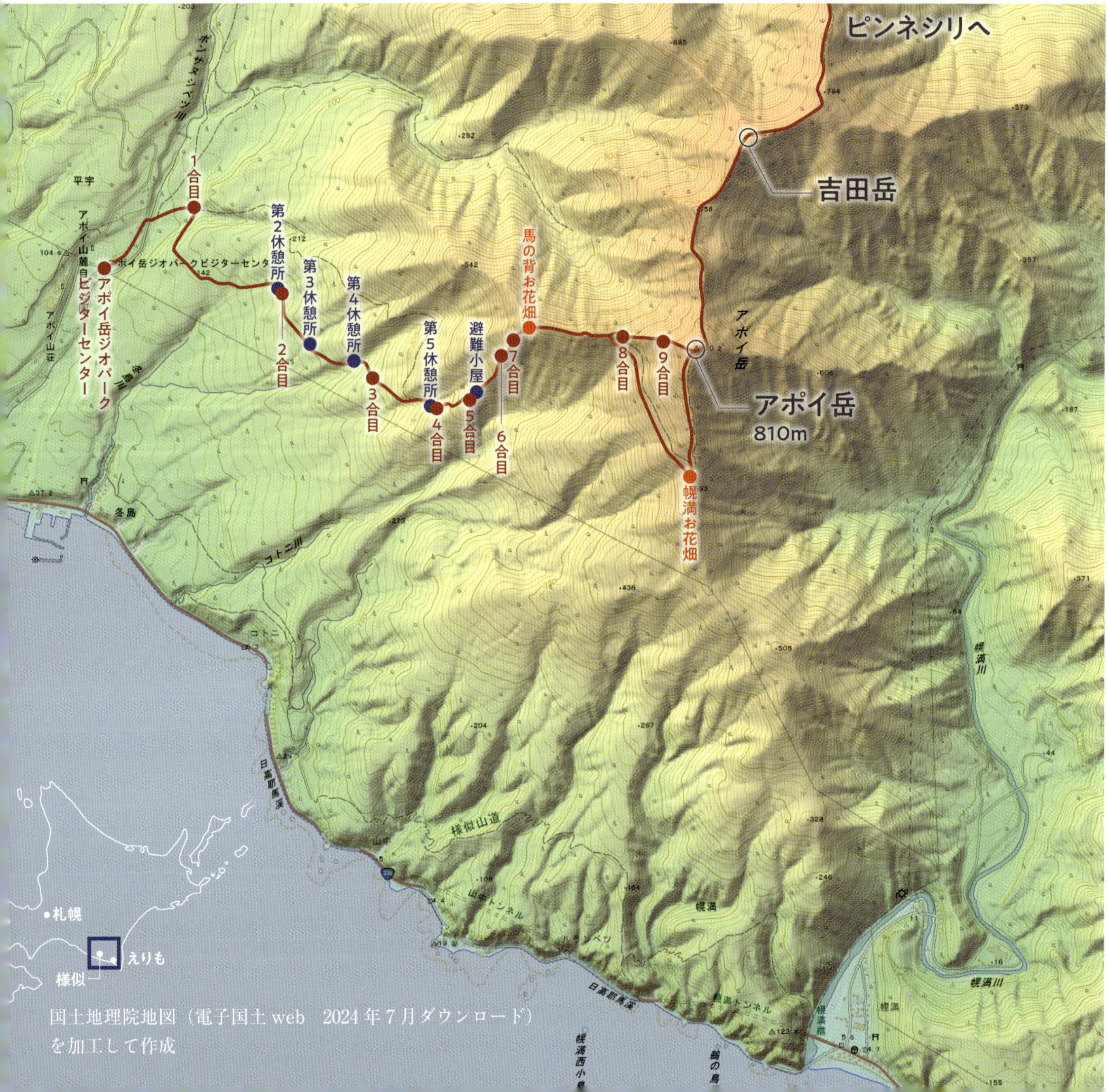

国土地理院地図（電子国土web　2024年7月ダウンロード）
を加工して作成

⑥岩石の露出地点でアポイ岳のなりたち物語にふれる参加者

⑧6合目から上を目指す

⑨7合目

⑩植生再生実験地の説明を聞く

⑪8合目で

⑫9合目

⑬山頂を目指す

⑭山頂で記念撮影

アポイクワガタ（固有品種：5月中旬～6月上旬）

アポイアザミ（固有種：7月～8月）

アポイ岳・花観察の拠点

アポイ岳登山のスタート・ゴール地点の
アポイ岳ジオパークビジターセンター

写真取材にご協力いただきました皆さまに心より感謝申し上げます。

ユネスコ
世界ジオパークに
認定されている
アポイ岳は、
地球の財産です。

アポイカラマツ（固有変種：6月）

アポイヤマブキショウマ（固有変種：6月中旬～7月中旬）

エゾルリムラサキ（貴重種：6月下旬～8月上旬）

アポイキンバイ（固有変種：5月）

アポイアズマギク（固有変種：5月～6月）

アポイタチツボスミレ
(固有変種：5月～6月上旬)

アポイマンテマ
(固有変種：7月～8月)

ホソバトウキ
(準固有亜種：7月～8月)

ヒダカイワザクラ(準固有種：5月)

ミヤマハンモドキ(準固有種：5月下旬～6月)

エゾタカネニガナ
(準固有種：6月～7月上旬)

アポイゼキショウ
(準固有変種：6月)

チャボヤマハギ(準固有変種：7月下旬～8月)

ヒダカトリカブト(準固有変種：8月中旬～10月上旬)

ヒダカミセバヤ(絶滅危惧種：8月下旬～10月中旬)

ヒメシラネニンジン(固有変種：8月)

エゾコウゾリナ
(固有種：6月中旬～7月)

エゾサイコ(準固有変種：7月下旬～8月下旬)

アポイハハコ(固有品種：7月～8月)

アポイツメクサ(固有変種：7月中旬～8月上旬)

サマニオトギリ(固有種：7月～8月)

ヒダカソウ(固有種：5月)

ヒメエゾネギ(準固有変種：7月～8月中旬)

エゾキスミレ(準固有変種：5月)

サマニユキワリ(固有変種：5月～6月上旬)

アポイ岳（中央）～吉田岳～ピンネシリ（左奥の３つのピークの真ん中）の稜線

アポイ岳の成り立ちと魅力

アポイ岳ファンクラブ会長
（アポイ岳ジオパークビジターセンター元学芸員）
田中マサヒト（様似町在住）

北海道の背骨といわれる日高山脈の南端の西に位置するアポイ岳（810・23メートル）稜線上に吉田岳（825・1メートル）、ピンネシリ（958メートル）と幌満川をはさみ東側の対岸に幌満岳（685メートル）とともに「幌満かんらん岩体」と呼ばれる直径10キロの山塊をつくっています。

かつて北海道は、東の北米プレートと西のユーラシアプレートに乗る二つの陸地でした。

今から1300万年前に西のプレートに東のプレートが激しく、めくれ上がるように乗り上げ一つの陸地になり、その盛り上がったところが日高山脈なのです。

そしてその激しい衝突時に、地下深く地球の内部にあった上部マントルの一部が突き上げられ地上に現れたのが幌満かんらん岩体（アポイ岳）なのです。

地球の構造をゆで卵で例えることがあります。外側の薄い殻が、私たちの住むところで、「地核」と呼ばれ、厚さは陸地で30～40キロ、海では5～10キロです。その下にあるのが「マントル」で深さ2900キロまであり、これがかんらん岩でできています。その下の真ん中の部分は「核」と呼ばれ主に鉄でできているといわれています。

アポイ岳のかんらん岩といえば、「世界一新鮮なかんらん岩」といわれています。岩石に対して「新鮮？」と一般の方は首を傾げますが、岩石の専門家が普通に使う用語で、「新鮮なかんらん岩」とか「腐った

晩秋のアポイ岳〜吉田岳の稜線

積雪期のアポイ岳〜吉田岳〜ピンネシリの稜線

水の影響を受けずに地表に現れたアポイ岳のかんらん岩

水の影響を受けて地表に現れたアポイ岳の蛇紋岩

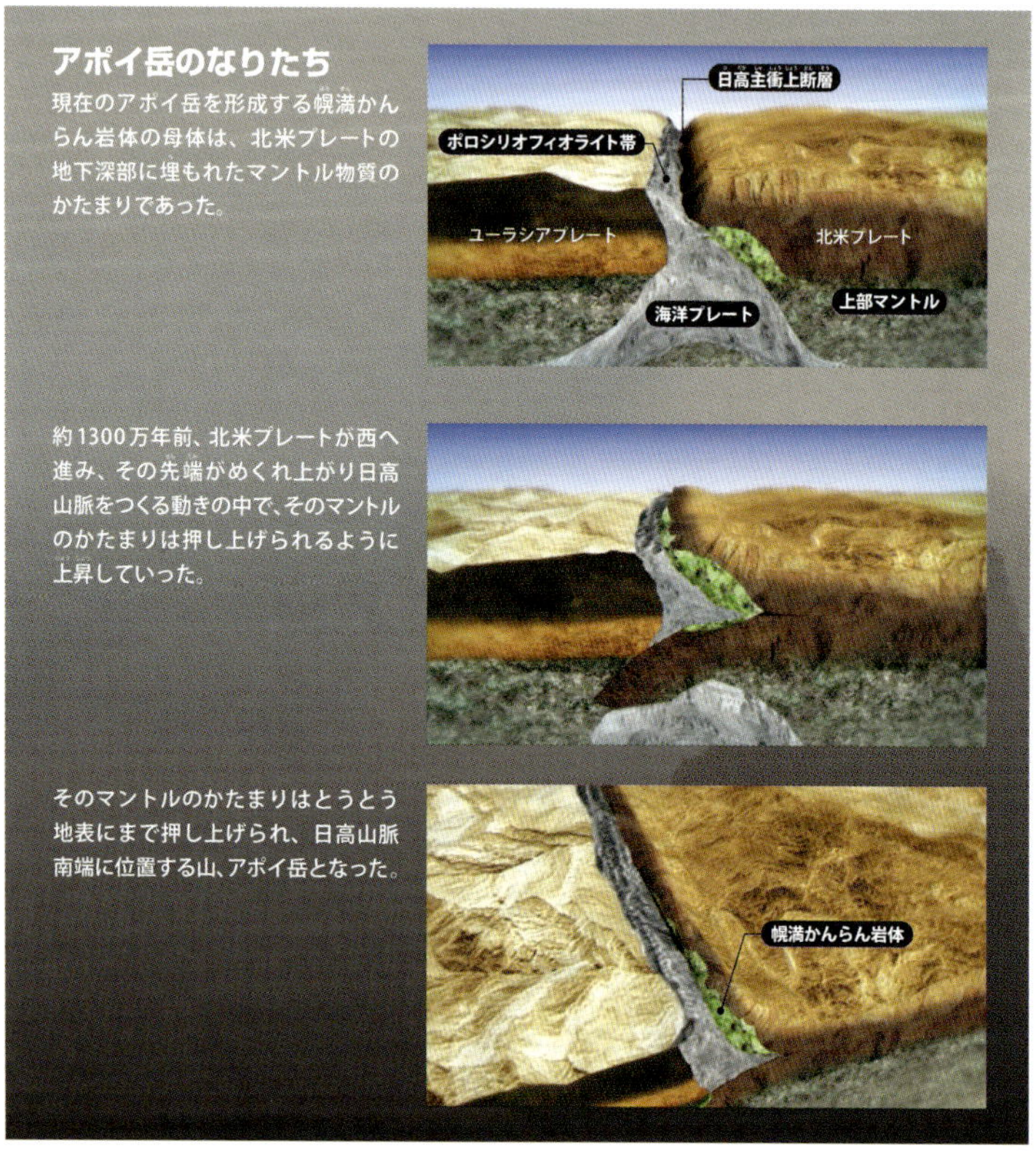
アポイ岳のなりたち
現在のアポイ岳を形成する幌満かんらん岩体の母体は、北米プレートの地下深部に埋もれたマントル物質のかたまりであった。
日高主衝上断層
ポロシリオフィオライト帯
ユーラシアプレート
北米プレート
海洋プレート
上部マントル
約1300万年前、北米プレートが西へ進み、その先端がめくれ上がり日高山脈をつくる動きの中で、そのマントルのかたまりは押し上げられるように上昇していった。
そのマントルのかたまりはとうとう地表にまで押し上げられ、日高山脈南端に位置する山、アポイ岳となった。
幌満かんらん岩体

地下深く地球の内部にあった上部マントルの一部が突き上げられ地上に現れたのがアポイ岳だ＝アポイ岳ジオパークビジターセンター展示図から

蛇紋岩」といいます。岩石などが、地中から上がってくる場合、大抵は何らかの影響で、変質して出てくるのです。その変質したものを「腐った」、影響をほとんど受けなかったものを「新鮮」と表現しています。では、アポイ岳のかんらん岩は、なぜ新鮮かというと地下深くから上がってくる時、ほとんど水（地球内部では熱湯、水蒸気）の影響を受けなかったからです。しかし、一部はかんらん岩の亀裂に水が入り込み、その部分だけが変質し、蛇紋岩に変わりました。かんらん岩が蛇紋岩に変質すると、磁鉄鉱が発達するため磁石がくっつきます。

　アポイ岳の新鮮なかんらん岩体は、世界中の岩石学者等の憧れの場所なのです。なぜアポイ岳が憧れなのか？　かんらん岩が水などで変質し、蛇紋岩などに変化すると、地下深くのマントル（かんらん岩）の持っていた情報が失われてしまいます。ですから、情報が失われていない新鮮なアポイ岳のかんらん岩を一度見てみたい、触ってみたいと思うからなのです。

　人類は、月に立ち、火星などに探査機を送るほどの技術を持っていますが、いまだに地殻を貫きマントルまで到達したことがないのです。学者たちは、地球の成り立ちや内部構造を知るためにも、アポイ岳の新鮮なかんらん岩を調査にくるのです。過去にこの小さな町・様似町で世界のかんらん岩などの学会が何度か開催されました。日本で開催される世界の学会が数千人の北海道の田舎町で開催されるのは稀なことです。それだけ世界の岩石学者の憧れの地だということがわかります。

　マグマはかんらん岩が溶けてつくられます。ゆで卵でいうと白身にあたる部分がかんらん岩です。元々、地下のかんらん岩は高温ですが、圧力が高いため溶けずに固体になっています。しかし、圧力が下がったり、温度が上がったりすると、溶けてマグマができるのです。

　アポイのかんらん岩は、「多彩」といわれています。四つのタイプのかんらん岩からできているからです。一つめは、かんらん岩から抽出されたマグマが、地上に出る前に地中で固まったものが「ダナイト」で、マグマの高温により鉱物が溶け、ほとんどがかんらん石でできています。二つめは、「ハルツバージャイト」で、高温のマグマ（ダナイト）の接するところのかんらん岩で、鉱物の単斜輝石が溶け、かんらん石と斜方輝石が残っています。三つめは、「レルゾライト」で、ハルツバージャイトに接するところのかんらん岩で、斜長石が溶け、単斜輝石が少し溶けでたものです。四つめは、「斜長石レルゾライト」で、レルゾライトに接するところにあり、高温のマグマや構成する鉱物にも影響がなく、本来のかんらん岩といえるものです。

　アポイ岳のかんらん岩は、重くて熱に強いといわれています。一般的な地球上の岩石の重さは1㎤で1・8～3・0㌘なのに対し、かんらん岩の重さは1㎤で3・3～3・4㌘です。また、地球の地下深くにあったかんらん岩には、溶けにくい鉱物が多くふくまれているため、とても熱に強く、高温で熱してもなかなか溶けません。

　かんらん岩の熱に強い性質を利用するため、古くからかんらん岩が採掘されています。かんらん岩を砕いて砂にしたオリビンサンドは鉄の型の鋳物砂や化学肥料として、また昆布浜の敷石（干場）や土木建築の石材などにも使われますが、現在は主に大手の製鉄所で、鉄と一緒に溶鉱炉に入れられ、溶けた鉄の不純物がかんらん岩に付着するという特性を利用し、純度を上げるために使われています。

アポイ岳の名前は、アイヌ語で「アペ・オ・イ・ヌプリ」。
日本語で解釈すると「火・ある・ところ・山」になります。
昔アイヌの人たちはシカを食料にしていましたが、
とれなくなったため、
アポイ岳の山頂で火をたいて
お祈りしたという口承伝がもとになっています。

アポイ岳は、固有な高山植物が多く、植生が特異であるため、1952年（昭和27年）に「アポイ岳高山植物群落」として国の特別天然記念物に、1981年（昭和56年）には「日高山脈襟裳国定公園」の特別保護地区に指定されています。

アポイ岳が低山でありながら特殊な高山植物が多い理由は、三つの要因が考えられます。

一つめは、地質的な要因。つまりアポイ岳を形成する「かんらん岩」です。かんらん岩は、風化が遅く、できた土壌は堆積しにくく、乾燥しやすいといわれています。また栄養になる酸化カルシウムが少なく、生育の妨げになる酸化マグネシウムやニッケルが含まれ、特にニッケルは植物の根からの栄養吸収を阻害するといわれています。

二つめは、気象的な要因。アポイ岳は海

火をたいてお祈りしたという口承伝の現場であるアポイ岳山頂

馬の背お花畑周辺を覆う海霧

海霧が発生しやすい太平洋沿いに位置したアポイ岳

ダケカンバ帯の下に広がるハイマツ群落。
低いところでは標高300㍍程度にある

に近く、夏に海上に発生する海霧によって覆われ、日光が遮られることにより、気温が低下します。また、冬には積雪が少なく、風も強いため地温が低下します。こうした気象条件が、高山に似た環境をつくっています。

　三つめは、地史的な要因。アポイ岳は古くからずっと陸地だったため、古くからの植物群を保護してきました。氷河期には樺太や朝鮮半島と陸続きになったため北方系の植物が南下してきました。その後、温暖な間氷期になると、北方系の植物は、比較的寒冷な高山に逃げ込んだのです。アポイ岳の高山植物は長い時間をかけ、かんらん岩に適応していく過程で独自の進化を遂げ、固有な植物になりました。

　アポイ岳は、ハイマツ帯（高山帯）の上にダケカンバ帯があり、逆転した垂直分布で、他に例が無い珍しい山だといわれています。通常の山の植生は、下から「広葉樹林帯」→「針葉樹林帯」→「ダケカンバ帯」→「ハイマツ帯」になります。しかし、アポイ岳は5合目ぐらいから高山植物が見られますが、7合目付近が森林限界でそこから高山植物が多いハイマツ帯（高山帯）になります。そして、どういう訳か頂上付近がダケカンバの林になっているのです。はっきりした理由はわかっていませんが、私たちが登っていると8合目〜9合目では風が強いのに、頂上に着くと風が無くなります。無くなるというより、風が当たらないようです。多分地形などによるものだと思います。頂上のダケカンバは真っすぐと伸びていることが、それを語っています。

アポイ岳は、「日本で一番早く、一番長く高山植物の花が楽しめる山」といわれています。

アポイ岳は、通常の高山植生を持つ山と比べて圧倒的に積雪が少なく、4月に入ると雪が消えてしまうため、5月前後から春の花たちが開花しはじめます。また、初雪の時期も遅く、「アポイ岳最後の花」といわれる10月開花のコハマギクまで、半年以上開花を楽しめる山なのです。

アポイ岳とその周辺は、豊富な植物相として知られています。北海道の寒冷帯要素と本州の温帯要素が交じり合う冷温帯要素が分布する最東地域なのです。特にアポイ岳の登山道沿いには、温帯植物であるキタゴヨウ、アカシデ、サンショウ、アオハダ、ナツハゼ、ムラサキシキブ等が普通に見られます。またアポイ岳は、太平洋に近いことから海浜でみられるコハマギクやエゾマツムシソウなども高山帯にあります。

アポイ岳の温帯植物の代表は、キタゴヨウです。キタゴヨウは本州中部から北海道南部にかけ分布する松の一種ですが、アポイ岳の東側を流れる幌満川沿いのキタゴヨウ群落は北限の自生地として1943年（昭和18年）に国の天然記念物に指定されています。実は、元々天然記念物に指定されていたのは、アポイ岳山麓の西側でビジターセンターの奥にある地域でした。第二次世界大戦のころ伐採され、後に現在の幌満地区が指定されたという歴史があります。

キタゴヨウ（マツ科）の名前の由来は、一つのさやから針状の葉が5本出ていることからつけられました。本州で松を代表するクロマツやアカマツの葉は2本です。足の不自由な人が使う杖は二股になっているので、松葉杖と呼ばれるのです。高山植物

アポイ岳山頂近くのダケカンバ帯

で高山帯を代表するハイマツも葉が5本でキタゴヨウの仲間です。それゆえハッコウダゴヨウという雑種ができます。特徴は、キタゴヨウのように真っすぐ上に伸びなく、ハイマツのように這うこともできなく、斜めに伸びるのです。

アポイ岳とその周辺には、冷帯と温帯の植物が800種以上生育しているといわれています。そのうちの約80種が高山植物で、20種が固有な植物です。このような小さな山に固有な植物が豊富なことは、世界的に珍しいことです。ここにしか咲かない花々との出合いを求め多くの登山者が訪れています。

アポイ岳では、高山植物のほかにも希少な生き物がみられます。高山植物と同じく氷河期の時に北から南下してきた高山蝶ヒメチャマダラセセリです。朝鮮半島やヨーロッパでは広く分布してますが、日本ではアポイ岳周辺だけでしか見られなく、国の天然記念物に指定されています。同じく北から南下してきたエゾナキウサギは、北海道各地の高山で見られますが、アポイ岳周辺では標高わずか50メートル前後という低地でも確認されています。その他、アポイ山塊と幌満川沿いに生息するカタツムリの仲間で、固有種のアポイマイマイがいます。かんらん岩が積み重なる隙間などに生息していて、殻に毛が生えているのが特徴で、登山中などになかなか見ることはありません。近年の研究で夜行性であることがわかりました。絶滅危惧種のニホンザリガニも生息しています。

今から20年以上前まで、盗掘の山として有名だったアポイ岳。盗掘さえなくなれば、きっと高山植物が咲き誇るお花畑を愛でるため多くの登山者で賑わうだろうと、仲間を募りパトロール活動などをやってきましたが、盗掘は減少したものの、高山植物が増える事はありませんでした。その原因が温暖化であることは、研究者の講演会などで知りました。それでも、高山植物の再生の活動を行いながら、登山者の皆さんに喜んでいただけるように登山道整備などにも仲間と汗を流しています。

現在、アポイ岳は、ユネスコ世界ジオパークに認定されています。それに加え、国定公園から国立公園に生まれ変わりました。アポイ岳がある様似町は、交通の便が悪く過疎化が進む町ですが、国立公園になり多くの登山者や観光客が来ることに期待が膨らみます。

アポイ岳の温帯植物の代表格であるキタゴコウ

（右）高山蝶ヒメチャマダラセセリ
（左上）カタツムリの仲間、固有種のアポイマイマイ
（左下）絶滅危惧種のニホンザリガニも生息している

高山植物再生実験地のこと

　アポイ岳ファンクラブを設立した当時、会員一丸となって盗掘を防止するためパトロールや登山道整備の活動を行ってきました。その効果もあって、その後盗掘は少なくなってきたものの高山植物は減る一方でした。現地を訪れた研究者の指摘もあり、その大きな要因が地球温暖化だということがわかってきました。

　地球温暖化は我々ではどうしようもないということはわかっているものの、このまま何も手を打たなくてよいのかと黙っておられず、2005年（平成17年）、「アポイがいつまでもアポイであり続けるために」をスローガンに、ファンクラブを中心に研究者と「カムバック1952アポイ岳再生委員会」を立ち上げることになりました。

　アポイ岳が特別天然記念物に指定された1952年（昭和27年）当時の姿まで、花で溢《あふ》れるお花畑を取り戻すということが目的でした。

　本来ならば高山帯のお花畑周辺での再生実験をしたかったのですが、国の特別天然記念物と国定公園特別保護地区などの指定地のため許可がおりず、昔の登山道跡でお花畑だったアポイ岳5合目の企業社有地を借りて、覆《おお》っているササやスゲ類を根ごと掘り起こし、2メートル×50メートルの畑状の再生実験地を作り上げました。

　再生地には、静岡大学で無菌培養されたアポイ岳の固有種エゾコウゾリナを植え、他は埋土種子の発芽などを期待していましたが、エゾシカの食害によって荒らされたため、会員が資材を持ち上げ、「防鹿柵」を張り巡らせました。

　その後、再生活動は「アポイドリームプロジェクト」と称し、将来を担う中学生が中心になってもらい、家庭で育てられたアポイアズマギクとエゾコウゾリナの苗を植えてきました。プロジェクトも順調に進んでいましたが、再生実験について「下界で育てたものを山の上に植えても良いのか」などの賛否両論があり、一時実験地を山麓や海岸岩礫《れき》地に移したこともありました。

　ただ私たちの夢は、アポイ岳の高山帯に溢れる高山植物がかつてのように見られることに尽きます。そのためにも高山帯に少しでも近いところでの再生実験をしたく、取り組みを続けています。

高山植物再生実験地で行った掘り起こし、雑草取りの光景

中学生によるドリームプロジェクトの苗植え場面

CHAPTER 3

悲喜こもごもの登山史

日高山脈　鳥瞰図

鳥瞰図は北大山岳部 1984 年入部の
米山悟氏の図へ編集部が着色したものです。

日高山脈百年ものがたり

100 years stories of the Hidaka Mountains

北海道を南北に走る北海道中央分水嶺の南半分近くを占める日高山脈は、東側の十勝地方と西側の日高地方を分断し、古来、人々の行き来を阻んできた。標高千メートル〜２千メートルの鋭角的な山々は幾重にも重なりあいながら衝立のように立ち塞がり、主稜線周辺の山並みや奥地の状況を知ることはままならなかった。山麓で和人の入植が本格化した明治期以降も十勝側からも日高側からも開拓が少しずつ進んだが、日高山脈中枢部は遠い存在だった。

そんな山々の貴重な自然や氷河地形の美しさがわかってきたのは、大正時代後期に始まった登山を通じてと言ってよいだろう。大正から昭和にかけて、多くの登山者が山々に分け入ることを通じて、日高山脈周辺の素晴らしさと険しさが世に広く知られることになる。

そして、自然や生態系の貴重さがわかるにつれて、道立公園、道立自然公園を経て、この山並みとその周辺は１９８１年（昭和56年）10月に国定公園、そして２０２４年（令和６年）６月、国立公園に昇格した。

他地域では見られない貴重な自然や環境、地形を備え、一部のアイヌの人たちしか知らなかった日高山脈の深山域は、登山によって徐々に明らかになってきた。この山脈の登山の歴史は、たかだかこの百年でしかない。山の位置や名称の確定、数多くのルート開拓と幾つかの重大な遭難も経て、電源開発のための林道整備や自動車道路建設、自然災害などとも関連しながら、悲喜こもごもの日高山脈登山に関わる１世紀余りの歴史とその周辺事情を振り返りたい。

黒川 伸一（提供以外の写真も含めて）

大学パーティと日高山脈

北大スキー部と山岳部の活躍

積雪期が1922年（大正11年）1月、北大スキー部の板倉勝宣《かつのぶ》らがスキーでサホロ岳＝現表記は佐幌岳＝（1060メートル）に初登頂したことが日高山脈登山の先駆けと考えられる。無雪期では1年後の1923年（大正12年）7月、同じく北大スキー部の松川五郎らが芽室川を遡行《そこう》して芽室岳《めむろだけ》（1754メートル）に登頂したのがその嚆矢《こうし》だ。日高山脈中枢部の山としては、松川らによる芽室岳登頂は「日高山脈の最初の純登山」と位置付けられ、1925年（大正14年）7月、伊藤秀五郎らが美生《びせい》（旧名・ピパイロ）川から、ピパイロ岳（1916メートル）、戸《とっ》蔦別岳《たべつだけ》（1959メートル）、幌尻岳《ぽろしりだけ》（2052メートル）に初登頂して戸蔦別川を下った記録（和辻広樹著の「美生川より日高山脈へ」＝山とスキー53号掲載）が、その後の日高山脈の夏山ルート開拓の大きな刺激となり、北から南へ、登山の対象が広がっていった歴史がある。

1926年（大正15年）11月、伊藤秀五郎らスキー部の「山党《やまとう》」（登山志向の学生たち）が北大スキー部から分離独立して、予科旅行部とともに山岳部を創設したことで、以降は北大山岳部が日高山脈の登山路開拓の中核を担うことになる。

無雪期登山に関しては、北大山岳部パーティが27年（昭和2年）7月、ピリカペタヌ沢からエサオマントッタベツ岳（1902メートル）、28年（昭和3年）7月、戸蔦別川から札内岳《さつないだけ》（1895メートル）を越えて札内川を使ってカムイエクウチカウシ山（1979メートル）を目指すなど、沢を登路《とうろ》、下降路《かこうろ》として使うことが、登山道の少ない日高山脈攻略の登山手法として定着し始めたのもこの時代だった。

1928年のカムイエクウチカウシ山登頂を巡っては、慶応大山岳部が北大山岳部より1日前に初登頂を達成、日高山脈の主要なピークを巡っては初登頂争いも熾烈を極めた。

慶応大山岳部は1929年7月にもコイカクシュサツナイ岳（1721メートル）、ヤオロマップ岳（1794メートル）、1839峰（1842メートル）に登頂を果たすなど、日高の山々に意欲的に取り組む。この年の8～9月には、北大

日高山脈登山でスキーで先鞭をつけた北大スキー部の板倉勝宣

北大山岳部創設者の中心で、日高山脈登山で活躍した伊藤秀五郎

山岳部の伊藤秀五郎が単独で千呂露川《ちろろがわ》から戸蔦別岳、札楽古川《さつらっこがわ》から楽古岳《らっこだけ》（1471メートル）に登頂するが、これは慶応大に先んじようと決行した試みだった。

慶応大山岳部は1932年（昭和7年）8月、1839峰、ヤオロマップ岳を経て、ペテガリ岳（1736メートル）に無雪期初登頂するなど、北大山岳部とともに、1920年代後半～30年代にかけて、山脈の無雪期登山で登頂ラッシュに1枚加わった。

積雪期登山に関しては、北大山岳部の独《どく》壇場《だんじょう》だった。1928年（昭和3年）にピパイロ岳を初登頂後、戸蔦別岳、幌尻岳、カムイエクウチカウシ山、エサオマントッタベツ岳など主要な山をスキーも使いながら積雪期初登頂。厳冬期で最難関となって大きな壁として立ち塞《ふさ》がったのがペテガリ岳で、同山岳部は数々の試行や失敗を経て、1943年（昭和18年）1月、稜線《りょうせん》上《じょう》にイグルーを設営して初登頂に成功した。

厳冬期《げんとうき》のペテガリ岳では、早稲田大山岳部がヒマラヤ遠征訓練として1947年（昭和22年）1月、ベースキャンプから徐々に前進キャンプを上げて山頂を極める極地法《きょくちほう》を使って、東方の尾根から冬季登頂し、尾根は早大尾根《そうだいおね》の呼称がついた。その後、1518メートル峰から分岐する東尾根《ひがしおね》にポンヤオロマップ岳（1405メートル）経由で登山道が開かれた。

北大山岳部はその後、1948年（昭和23年）2月のイドンナップ岳（1752メートル）登頂、1952年（昭和27年）1月の中ノ岳（1519メートル）を初登頂し、約30年間に及んだ無雪期、積雪期の主要なピーク登頂の歴史はほぼ終わり、1956年（昭和31年）12月から翌57年1月にかけての同山岳部による日高山脈全山縦走でこの山脈の開拓期はひと段落した。

この時期には、北海道の社会人山岳会や道外の大学山岳部が多数入山するようになり、日高山脈の知名度は一気に広がっていった感が強い。

向かって左側のサホロ（佐幌）岳をスキーで初登頂した板倉勝宣（右）らの山行場面

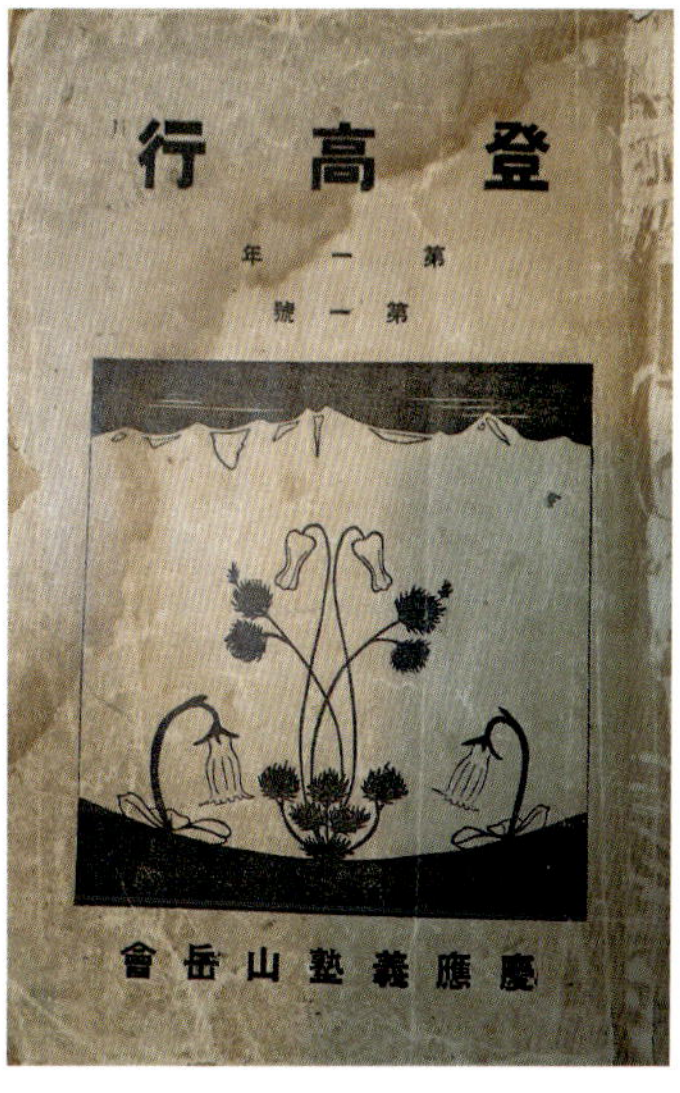

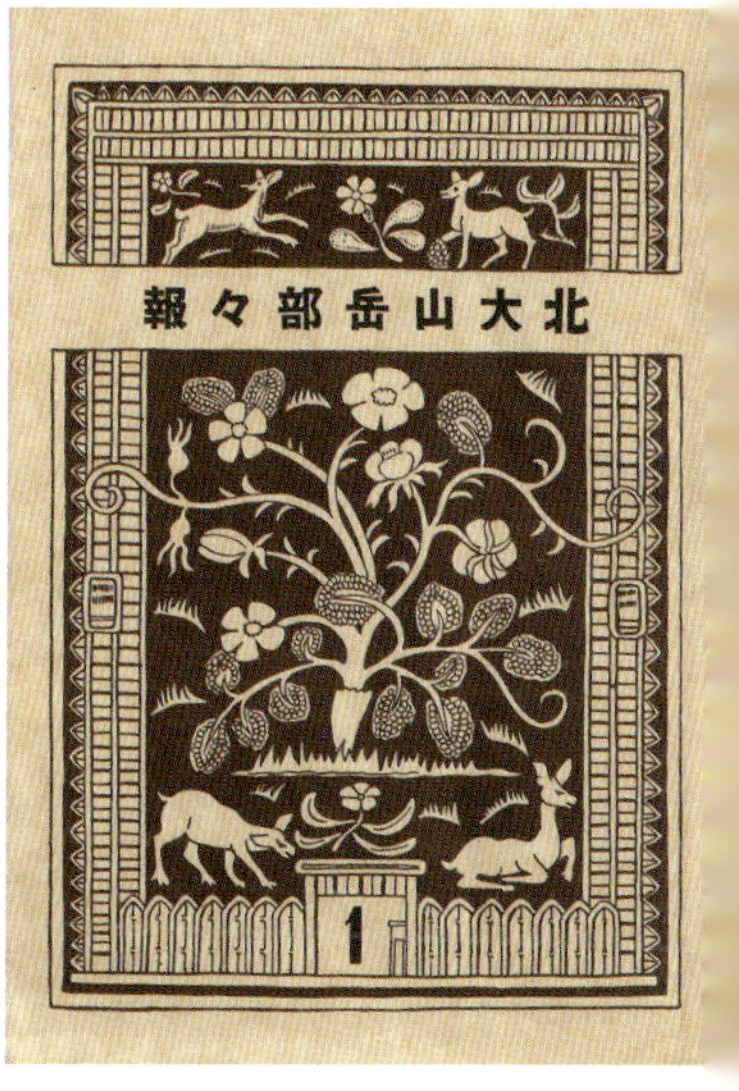

右：日高山脈開拓でパイオニア的存在の北大山岳部の部報第1号
左：慶応大山岳部の部報「登高行」第1号

二つの大きな遭難を教訓に

北大山岳部が先導して日高山脈登山のルートを開拓し、登山対象としての日高山脈の魅力を広めていく上で、十勝側から中部日高主稜に上がるメインルートである札内川沿いで二つの大きな遭難の犠牲も強《し》いられた。

一つは、1939年（昭和14年）年末から翌40年（昭和15年）正月にかけて10人パーティが札内川から支流のコイカクシュサツナイ川（当時の名はコイボクサツナイ沢）を詰めて稜線に上がり、ペテガリ岳（1736《メートル》）を目指す際、40年1月5日、体調不良でベースキャンプに留まった1人を除く9人がコイカクシュサツナイ岳（1721《メートル》）に上がる直前で、雪崩《なだれ》に遭《そう》遇《ぐう》し8人が亡くなった。

この遭難《そうなん》では、当時日高山脈山麓に住み、事故の3年前に同じルートからペテガリ岳登頂前に敗退していた山岳部OBで山岳画家、坂本直行（通称名・「ちょっこう」）も捜索の中心として関わり、スケッチ画や現場の写真を残したことでも知られる。

北海タイムス　昭和十五年一月十一日

生靈抱くサツナイ岳

一千米の大雪崩

ルート中の最難所

登山史上稀有の遭難

恨みの札内嶽

吹雪を衝く救援隊

悲しみの實家

あすのお天氣

㊟記事にある「コイボクサツナイ岳」「サツナイ岳」「札内嶽」は現在のコイカクシュサツナイ岳のことである

遭難現場のほぼ真上、コイカクシュサツナイ岳山頂近くには、遭難の犠牲者を慰霊する北大山岳部の遭難慰霊碑（ケルン）がある。

もう一つは、1965年（昭和40年）3月、6人パーティが札内川本流を詰めてカムイエクウチカウシ山（1979《メートル》）をアタック、その後、エサオマントッタベツ岳（1902《メートル》）、神威岳《かむいだけ》（1756《メートル》）を経て幌尻岳を目指す山行《さんこう》の際、札内川本流の十ノ沢出合付近の雪洞《せつどう》で就寝中の3月14日午前2時ごろ、稜線付近からの大雪崩《おおなだれ》により雪洞ごと6人は埋没する。

5人は即死状態だったとみられるが、沢

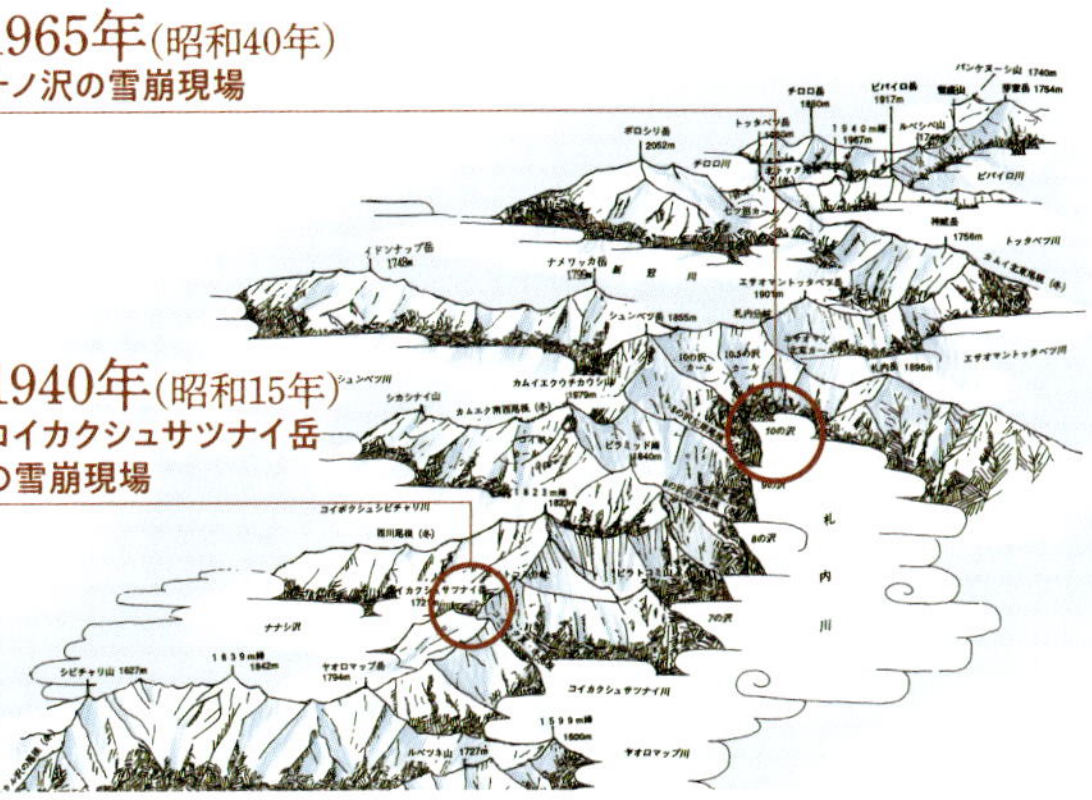

田義一リーダーが、雪の中で手元にあったナタで掘り進みながら約4日間生存、地形図2枚の裏に事故状況の経緯と手記をしたためたものの、その年の6月、捜索隊によって6人全員の遺体が発見された。

沢田リーダーの地図裏の手記は、「雪の遺書」などとして当時、新聞記事や書籍となって衝撃を広げた経緯がある。中札内村の札内川沿い、中札内村・日高山脈山岳センターには、沢田リーダーが地形図裏に書いた手記写しと、雪の中で脱出しようと使ったナタなどの遺品が展示されている。

この二つの大きな遭難は、里からのアプローチが長い日高山脈ゆえ、積雪期登山では、北大スキー部以来の伝統であるスキーをアプローチに使う効率性から、スキーを使いやすい沢をルートに取らざるを得なかった事情もある。その後の積雪期登山の上で沢をルートとして使う際の雪崩リスクへの教訓とも言えるだろう。

北海タイムス　昭和十五年一月十日

日高山脈札内嶺で
北大生九名遭難
無残・雪崩に一ト呑み

引返さうとした一瞬
奇蹟・押出された一名

在札部員を招集
救援隊組織現場へ急行

茫然聲なき留守宅

未踏の峻嶮ペテガリ

コイカクシュサツナイ岳直下で8人が亡くなった北大山岳部の雪崩遭難を伝える北海タイムス（北海道新聞の前身紙）=1940年(昭和15年)1月10日(左)・11日(右)

コイカクシュサツナイ岳山頂近くの北大山岳部の遭難慰霊碑

北大山岳部OBで山岳画家、坂本直行が捜索のため遭難現場に駆け付けた時に描いたスケッチを元に仕上げた「友ノ死セル谷」（左）と「コイボクサツナイ川（現在のコイカクシュサツナイ川）上流」（右）＝北大山岳館所蔵

6人が亡くなった北大山岳部パーティの雪崩遭難から3カ月に遺体発見を伝える北海道新聞＝1965年6月

沢田義一リーダーが地形図裏に書き残したメモ

（大和書房刊の『雪の遺書　日高に逝ける北大生の記録』と原本コピーから転載）

3月14日（日）の深夜2時ごろ（後で時計を見て逆算した）突然ナダレが雪洞をおそい、皆寝ているままにして埋めてしまった。最初、雪洞の斜面がなだれたのかと思ったが、後ですき間を少しずつ広げてみた結果、入口よりデブリがなだれこんできたものだった。皆は最初の一しゅんで死んだようだったが、私は、幸いにして口のまわりに間隙があったのを次第〳〵に広げて、ついにナタで横穴を二m近く掘って脱出しようとしたが、外はデブリで埋まっている為か、一向に明るくならずついに死を覚悟する。只今14日13時10分。しかし何とか外に出たいものだが、根気負けしてしまった。一休みしてから考えよう。

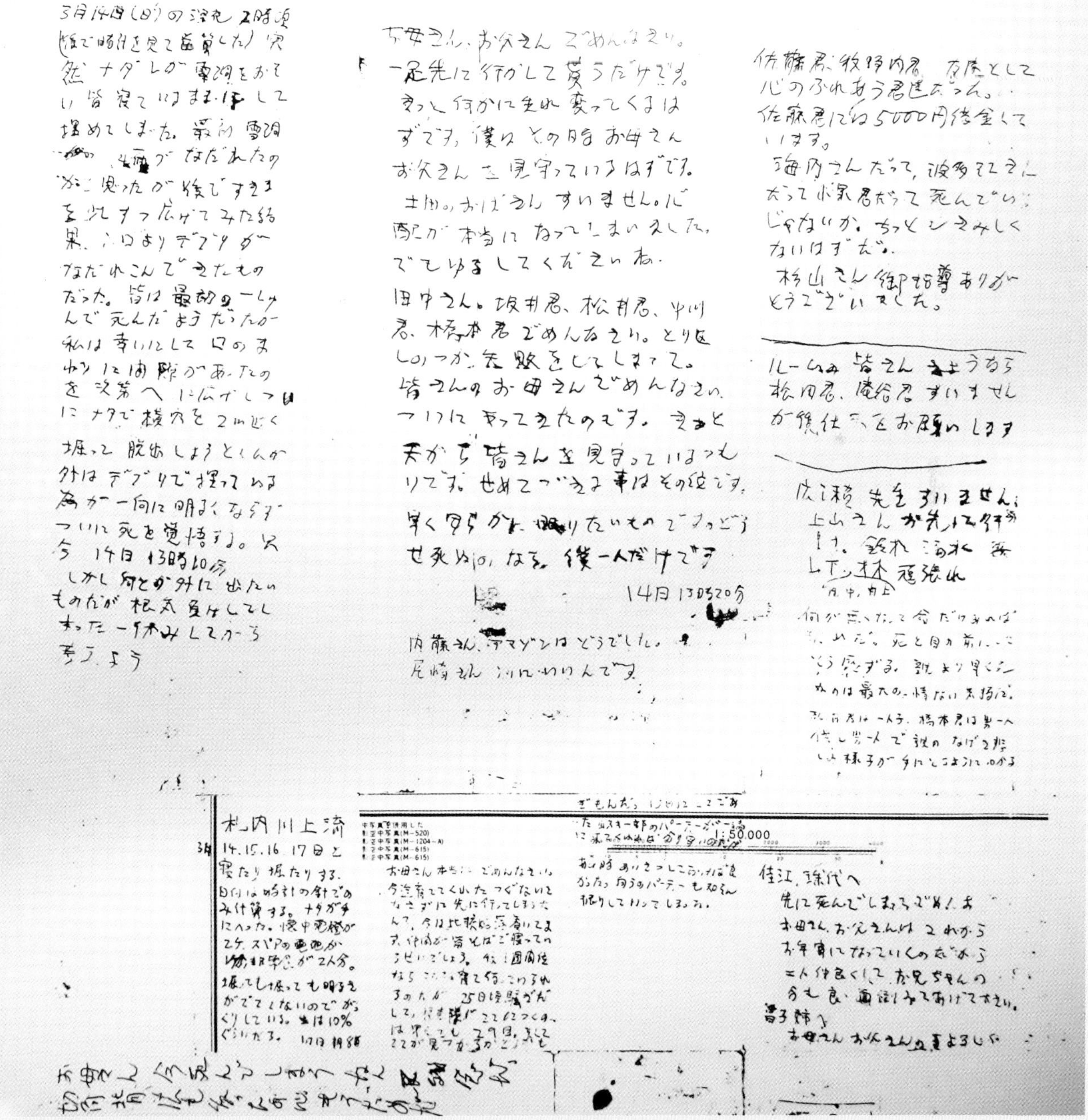

北大山岳部・沢田義一リーダーが埋没した雪の中で書いた手記（遺書）＝中札内村・日高山脈山岳センター展示物から

お母さん、お父さんごめんなさい。一足先に行かして貰うだけです。きっと、何かに生まれ変わってくるはずです。僕はその時お母さんお父さんを見守っているはずです。

土田のおばさんすいません。心配が本当になってしまいました。でもゆるしてくださいね。田中さん、坂井君、松井君、中川君、橋本君ごめんなさい。とり返しのつかぬ失敗をしてしまって。

皆さんのお母さんごめんなさい。ついにやってきたのです。きっと天から皆さんを見守っているつもりです。せめてできることはその位です。早く安らかに眠りたいものです。どうせ死ぬのなら、僕一人だけです。

14日13時20分。

内藤さんアマゾンはどうでした。尾崎さん別にいいんです。

佐藤君、牧野内君友達として心のふれあう君達だった。佐藤君には5000円借金しています。

海内さんだって、波多江さんだって小泉君だって死んでいるじゃないか。ちっともさみしくないはずだ。

杉山さんご指導ありがとうございました。ルームの皆さんさようなら。松田君、庵谷君すいませんが後始末をお願いします。

広瀬先生すいません。上山さんお先に行きます。鈴木、清水、裏、山下、田中、井上、林頑張れ。

何が無くたって命だけあれば沢山だ。死を目の前にしてそう感ずる。親より早く死ぬのは最大の情けない気持だ。松井君は一人子、橋本君は男一人、僕も男一人で、親のなげき悲しむ様子が手にとるようにわかる。

3月14・15・16・17日と寝たり掘ったりする。日付は時計の針でのみ計算する。ナタが手に入った。懐中電灯が二ケ、スペアの電池が一ケ、非常食が二人分。掘っても掘っても明るさが出てこないので、がっくりしている。

生は10％ぐらいだろう。17日朝8時。

お母さん本当にごめんなさい。今まで育ててくれたつぐないをなさずに、先に行ってしまうなんて。

今は比較的落ち着いています。仲間が皆そばで眠っているせいでしょう。後1週間くらいならこのまま寝て待っていられるのだが、25日頃騒ぎだして、捜索隊がここにつくのは早くて29日。そしてここが見つかるかどうかも疑問だ。13日にここであった山スキー部のパーティが、一緒に来てくれれば分かり易いのだが、あの時あいさつしておけばよかった。向こうのパーティも知らん振りしていってしまった。

佳江、珠代へ。先に死んでしまってごめんよ。お母さん、お父さんはこれからお年寄りになっていくんだから二人仲よくして、お兄ちゃんの分もよく面倒みてあげて下さい。

昌子姉へ、お母さんお父さんのことよろしく。

お母さん今死んでしまうなんて残念だ。切角背広も作ったのにもうだめだ。

沢田義一リーダーの遺品。ナタやピッケルなど
＝中札内村・日高山脈山岳センター展示物から

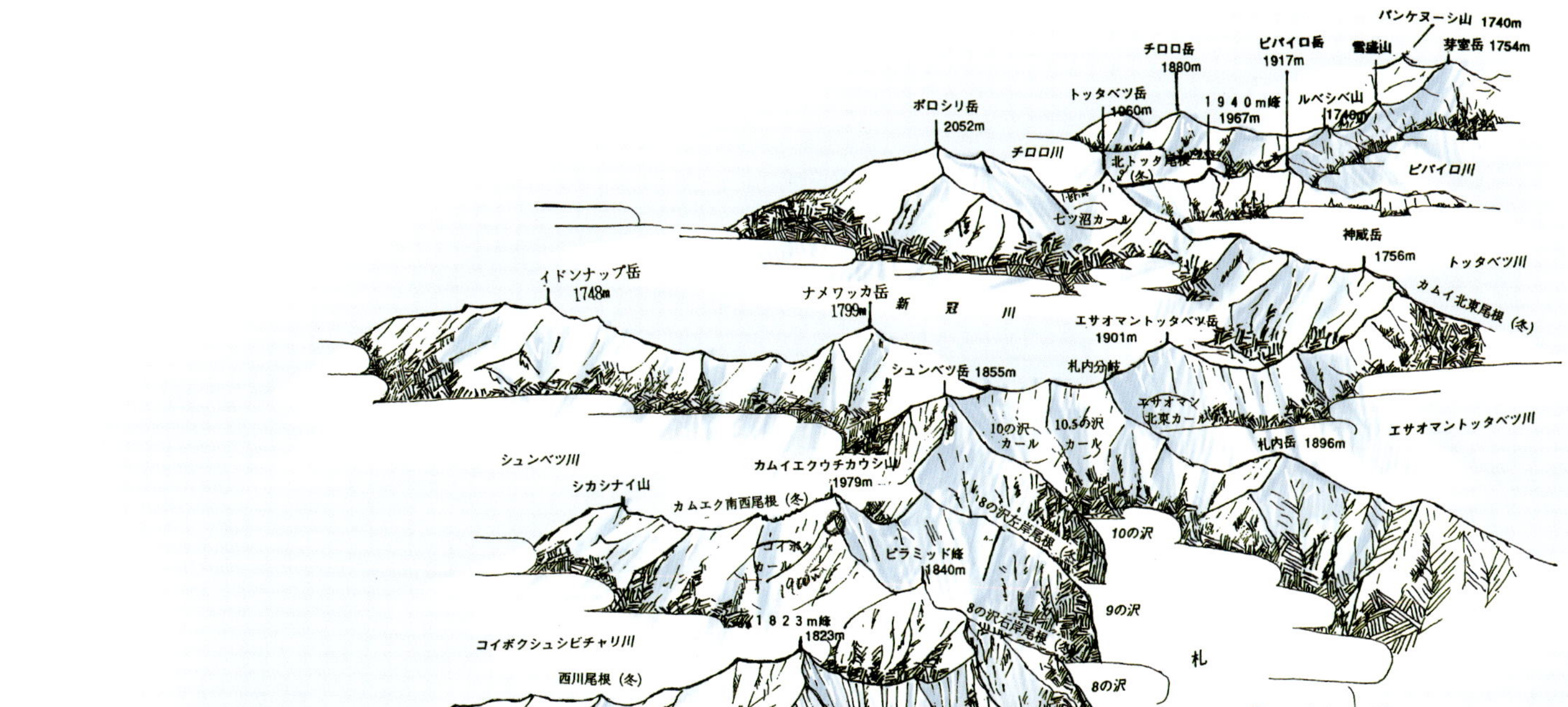

沢田パーティは六名で、四年生三名は就職も決まり、学生時代最後の山登りとして、最終下山日の翌日の3月25日には卒業式に出席する予定であった。

『雪の遺書』
日高に逝ける北大生の記録
1966年7月発行
著　者　沢田義一
発行所　大和書房

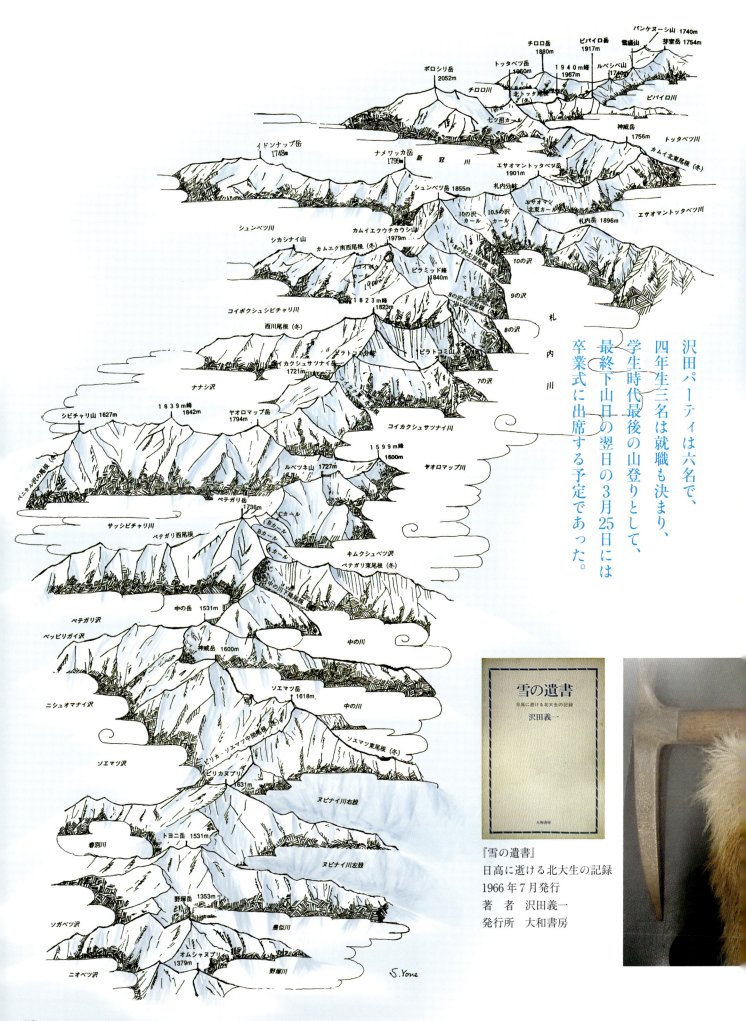

福岡大生へのヒグマ襲撃事故

1970年（昭和45年）7月25日～27日、カムイエクウチカウシ山（1979メートル）の九ノ沢《きゅうのさわ》と八ノ沢《はちのさわ》カール周辺で、福岡大ワンダーフォーゲル同好会のメンバー5人がヒグマの執拗《しつよう》な襲撃《しゅうげき》を受け、3人が亡くなった。ヒグマが登山者を襲った過去最悪の事故であり、日高山脈登山史でも、ヒグマ対応の点で特筆すべき遭難事例でもある。

福岡大パーティはこの年の7月14日から、13日間かけてペテガリ岳を目指す計画で北日高の芽室岳登山口から主稜線《しゅりょうせん》を南下するべく入山した。

5人のABCDEは、芽室岳（1754メートル）登頂後、ルベシベ山（1740メートル）、ピパイロ岳、戸蔦別岳、幌尻岳、エサオマントッタベツ岳を経て7月25日午後3時20分ごろカムイエクウチカウシ山北にある九ノ沢カールでテントを張ったが、1時間後にテントから6～7メートルのところにヒグマが出現。クマはテント脇にあった登山用ザックの「キスリング」の食料をあさる状況で、学生たちは、すきを見てキスリングをテント内に回収。ラジオを鳴らし、食器をたたいたところクマは姿を消したが、その後翌26日朝にかけてクマがテントを2回襲う。5人とクマがテントを引っ張り合う状況になり、5人はいったんテントを放棄。クマはテントを倒し、キスリングの中身をあさり、くわえては低木帯の中に隠すという行動をくり返した。クマが居なくなったため、リーダーAはハンター要請を行うべくBとEの2人を九ノ沢から下山させ、残ったメンバーACD3人でテントとキスリング4個を稜線の縦走路《じゅうそうろ》まで上げた。

下山した2人は八ノ沢出合《はちのさわであい》で他大学パーティに福岡大パーティの氏名などを書いたメモを渡し、救助要請と大学への連絡を依頼後、再び八ノ沢を登り返して26日昼過ぎ、残った3人に再び合流、午後3時に稜線上に張ったテントに5人が入った。

しかしやがて、クマがテント近くに現れ、5人はテントを放棄して八ノ沢カール

1970年（昭和45年）
カムイエクウチカウシ山
九ノ沢・八ノ沢カール
周辺ヒグマ襲撃事故

福岡大生を襲ったヒグマの剥製
＝日高山脈山岳センター

底の他大学パーティのテントに避難するため、カール斜面を下りる最中《さなか》の午後6時半ごろ、Eがクマに追われた。ヤブの中で悲鳴と格闘の声が聞こえ、Cはヤブの中ではぐれ（27日午後3時までは生存していたことが遺品メモからわかる）、3人ABDはカール内の岩陰でビバーク後、濃霧で視界不良の中、翌27日朝から行動を開始したが、直後にクマが現れ、リーダーAが追われてカール底に向かって逃げた。

残ったBとDの2人は八ノ沢を下り、午後1時に砂防ダム工事現場に到達して中札内駐在所に保護。遭難の全容が伝えられたため大規模な救助隊が編成され、29日夕、八ノ沢カール周辺でハンターがクマを射殺、ACEの3人は八ノ沢カールで遺体で発見された。

射殺されたクマは、4歳のメスで、中札内村・札内川園地の日高山脈山岳センターに剥製として展示されている。

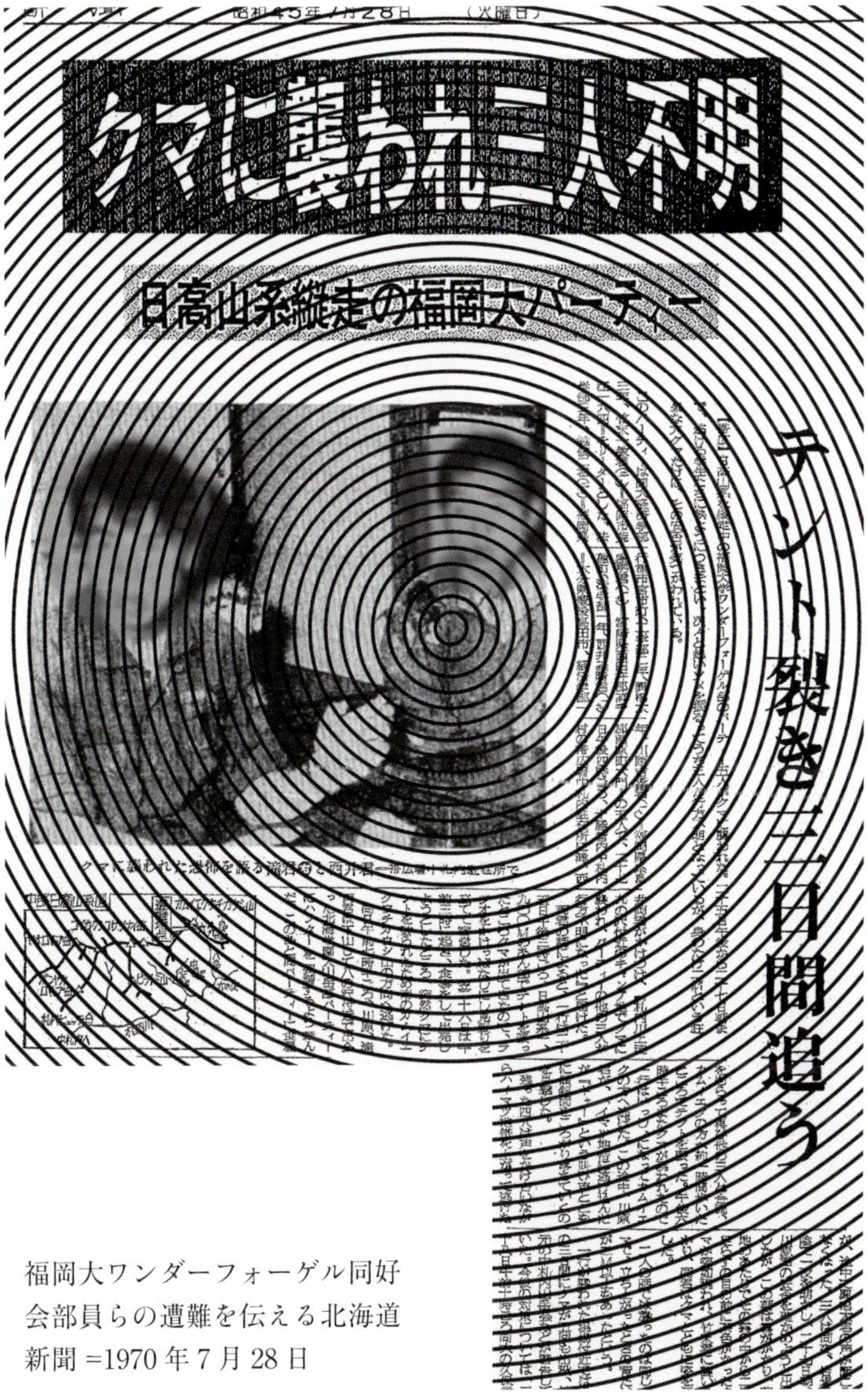
昭和45年7月28日 （火曜日）

クマに襲われ三人不明

日高山系縦走の福岡大パーティー

テント裂き二日間追う

福岡大ワンダーフォーゲル同好会部員らの遭難を伝える北海道新聞 =1970年7月28日

ヒグマ襲撃の最終現場となった八ノ沢カールには、追悼のプレートが岩にはめ込まれ、犠牲になった3人の氏名とともに「高山に眠れる御《み》霊《たま》安《やすら》かれと挽歌も悲し八の沢」という短歌が刻まれている。

一度奪ったものに執着したり、背を向けて逃げるものを追いかけやすいことなど、ヒグマの習性を伝える遭難として今日まで語られている。

遭難現場の八ノ沢カールに設置された福岡大の慰霊碑プレート

生存下山したサブリーダーBさんの記述（抜粋）

福岡大学ワンダーフォーゲル同好会遭難報告書より

7月25日

15時20分　1900メートル峰の直下1500メートルの九の沢カール着、テント設営。

16時30分　夕食後全員テントの中にいた時、A君（リーダー）がクマを発見（テントより6—7メートルの所）。最初は興味本位に観察、この時テントから2—3メートル付近をうろうろ、だんだん近づいてくる（この時はキスリングはテントの外にあった）。30分位してキスリングをあさりだした。食料を食べているのが見える。クマの様子を伺い、スキを見てキスリングを全部テントに入れる。その後、火を焚き、ラジオの音量を上げ食器を鳴らす。そうしているうちに30分位して熊の姿が消える。

20時00分　探したが見当たらず。

21時00分　熊の鼻息がし、テントに一回だけ触れ、こぶし大の穴があく。この夜は2人ずつ見張りをし、2時間交替で寝る。

7月26日

3時00分　起床（快晴）。

4時30分　パッキングも終わりに近づいた時、再びテントの上方にクマが現われる。15分位はテントの外に出て熊をみていた。昨夜同様、だんだんと近づいて来た。テントに入って様子を伺っていたが、テントの傍まで接近しテントに手をかけ侵入しようとした。我々はテントが倒されないよう、ポールをしっかり握りテントの幕をつかんでいた。5分位熊と我々はテント

カムイエクウチカウシ山・八ノ沢カールで＝2017年7月

の幕を引っ張り合っていた。これ以上はだめだと判った時、A君が入り口の反対の方の幕を上げいっせいに1900メートル峰の次のピークに向かって45―50メートル程逃げる。ふり返ると熊はテントを倒しその中にあるキスリングをあさっていた。それからすぐ僕とE君は、A君の命令で「九の沢を下り、札内ヒュッテか営林署に連絡し、詳細を話しハンターの要請を頼む」と言われたので、すぐに僕はE君を連れて九ノ沢を下る（5時00分）。

略

13時00分　稜線に出たA君等3人と合流、テント、キスリングは稜線に上げていたのでパッキング休憩等で1時間費やす。僕とE君が稜線に出て3人と合流する間、稜線上で鳥取大、中央鉄道学園と会う。

略

18時30分　稜線から60～70メートル下ったところでD君が後を振り向き熊を発見、僕の後10メートル前後にあった（下る時は最初にA君、最後に僕が歩いていた）。熊を発見して全員一斉に下る。僕は少し下ってすぐ横にそれ、ハイマツの中に身を隠した。熊は僕のすぐ横を通り、下へ向かった。そして25メートル位下のハイマツの中で「ギャー」という声がし、格闘している様子であった。とたんにE君がハイマツの中から出て「チクショウ」と叫び熊から追われるようにカールの方へ下って行った。それからすぐ、A君が僕のところへ来ると同時に全員集合の声をかけた。するとD君が僕等のところへかけつけ、C君にコールすると約30メートル下と思われる地点から応答があったが、とうとう来なかった。そして3人で鳥取大のテントへ向かって助けを求めた。すると鳥取大は20分位して、二カ所に火を焚き、ホイッスルを吹いてくれた。その後、鳥取大は沢を下った。3人集まった時、A君は「E君は足を

引きずりながら鳥取大のテントに向かった」と言った。それから我々3人（僕＝B、A君、D君）は一応安全な場所と思われる岩場へ登り、身を隠した。26日の夜はこの岩場で過ごす（20時00分）。

7月27日

8時00分　岩場よりA君、B、D君の順で下る。15分程下った時、下方2～3メートルの所に熊現われる。一瞬身を伏せ、様子を見るが、突然熊が「ガウア」と叫ぶ声とともにA君が立ち上がり、熊を押しのけカールの方へ熊に追われながらA君が逃げて行くのを確認。すぐD君と2人で山の斜面をトラバースし、カールを右に見ながら八の沢に出て沢を下る。

13時00分　五の沢、砂防ダム工事現場へ到着。一応、事情を説明し車を待つ。

18時00分　中札内駐在所に到着。

亡くなったCさんのメモ

遺体付近から発見

7月26日

クマはまず一つキス（注・キスリングのこと）をはこび出し、テントから10メートル位下のしげみの横でむさぼり出す。昨夜は交代で徹夜したので、1人は上の縦走路で睡眠をとり、2人で見張る。

5時24分　熊が右下5メートルぐらい、キスをくわえて移動する。

5時30分　テントに近づき、たおれたテントをひきかきまわす。キャンパンのついたキスを持っていくが、なにもせず、またテントに近づく。グランドシートの上においておいたセイテツパンを食べているようである。

5時40分　おそらくAさんのキスをもって下方にもっていくが、またそこにおいてテントのところにくる。Cのキスをくわえて10メートルぐらい下るが、キスを置いて左へまきながら姿を消すが、またCのキスをくわえて下り出す。30メートル下の低木地帯の中へ入る。

5時48分　再びテントに近づく。Cのキスは下に置いたまま。

犠牲になった福岡大生の荼毘《だび》場面＝中札内村・日高山脈山岳センター展示物から

福岡大生らの慰霊碑（中央）がある八ノ沢カールの光景

5時50分　左の方へ移動する。左の雪けいの横の岩場に現われる。またかくれる。上に登ってくるようである。テントから左上方２００メートルのところにくる。3人も上方へ上る。

6時00分　小さな雪けいの近くにくる。しばらくして下りはじめる。

6時07分　テントの横にくる。突然ラジオが鳴りだし、クマがあわてて右方向へ遠ざかり、カールの尾根で横たわる。

6時13分　林の中へ姿を消す。行方がわからない。

6時35分　尾根に3人とも上る。今のうちにできるだけキスを上げることにする。

7時15分　縦走路の分岐までキスを3個上げ終わる。

7時30分　腰を下ろし3人集まって気分をほぐす。

8時30分　いままで快晴であったが少し雲の割合が多くなり、心配であるが、3人とも歌を歌って気晴らしするが、しばらくすると歌もつきて眠る。

9時25分　目をさます。

9時30分　腹がへったので、カンパンを食べる。

9時55分　水くみ（20リットル）と残りのキスとテントを取りに行く。

10時35分　尾根に着く。Dのキスがイカれる。

11時30分　昼食。

11時45分　鳥取大現在地を通過。

12時05分　Aさん、Bさんを迎へに沢を下る。

13時30分　現地点で会合。

13時45分　Bさん帰ってくる。全員無事。

17時00分　夕食後クマ現われる。テントを脱出、鳥取大WV（注・ワンダーフォーゲル部のこと）のところに救助を求めにカムイエク下のカールに下る。

17時30分　我々にクマが追いつく。Eがやられたようである。オレの5メートル横、位置は草場のガケを下ってハイ松地帯に入ってから20メートル下の地点。それからオレもやられると思って、ハイマツを横にまく。するとガケの上であったので、ガケの中間地点で息をひそめていると、Aさんが声をからして鳥取大WVに助けを求めた。

オレの位置からは下の様子は、全然わからなかった。クマの音が聞こえただけである。仕方がないから、今夜はここでしんぼうしようと10～15分ぐらいじっとしていた。Aさんがなにか大声で言っていたが、全然聞きとれず、クマの位置わからず。

それから、オレは、テントをのぞいてみると、ガケの方へ2～3カ所たき火していたので、下のテントにかくまってもらおうとガケを下る。5分ぐらい下って、下を見ると20メートルさきにクマがいた。オレを見つけると、かけあがってきたので、一目散に逃げ、少しガケの上に登る。まだ追っかけてくるので、30センチぐらいの石を投げる。失敗である。ますますはい上がってくるので、15センチぐらいの石を鼻をめがけて投げる。当った。それからクマは10メートル上方へ後さがりする。腰をおろして、オレをにらんでいた。オレはもう食われてしまうと思って、右手の草地の尾根をつたって下まで一目散に、逃げることを決め逃げる。前、後、横へところび、それでもふりかえらず、前のテントめがけて、やっとのことでテント（たぶん六テン）の中にかけこむ。しかし、誰もいなかった。しまった、と思ったが、もう手遅れである。中にシュラフがあったので、すぐ一つを取り出し、中に入りこみ、大きな息を調整する。

もうこのころは、あたりは暗くなっていた。しばらくすると、なぜかシュラフに入っていると、安心感が出てきて落ち着いた。

それからみんなのことを考えたが、こうなったからには仕方がない。昨夜も寝ていなかったから、このまま眠ることにするが、風の音や草が、いやに気になって眠れない。明日ここを出て沢を下るか、このまま救助隊を待つか、考える。しかし、どちらをとっていいか分からないので、鳥取大WVが無事報告して、救助隊がくることを、祈って眠る。

7月27日

4時00分頃　目がさめる。外のことが、気になるが、恐ろしいので、8時までテントの中にいることにする。テントの中を見まわすと、キャンパンがあったので中を見ると、御飯があった。これで少しホッとする。上の方は、ガスがかかっているので、少し気持ち悪い。もう5時20分である。また、クマが出そうな予感がするので、またシュラフにもぐり込む。

ああ、早く博多に帰りたい。

7時00分　沢を下ることにする。にぎりめしをつくって、テントの中にあったシャツやクツ下をかりる。テントを出てみると、5メートル上に、やはりクマがいた。とても出られないので、このままテントの中にいる。

3時00分頃まで＝15時00分頃のことか＝（途中判読できず）他のメンバーは、もう下山したのか。鳥取大WVは連絡してくれたのか。いつ助けに来るのか。すべて、不安で恐ろしい。

またガスが濃くなって…。

福岡大学ワンダーフォーゲル同好会遭難報告書抜粋＝北海道撮影社発行「北の山脈」創刊号（1971年3月発行）の記事をもとに構成、部分的に表記を修正＝

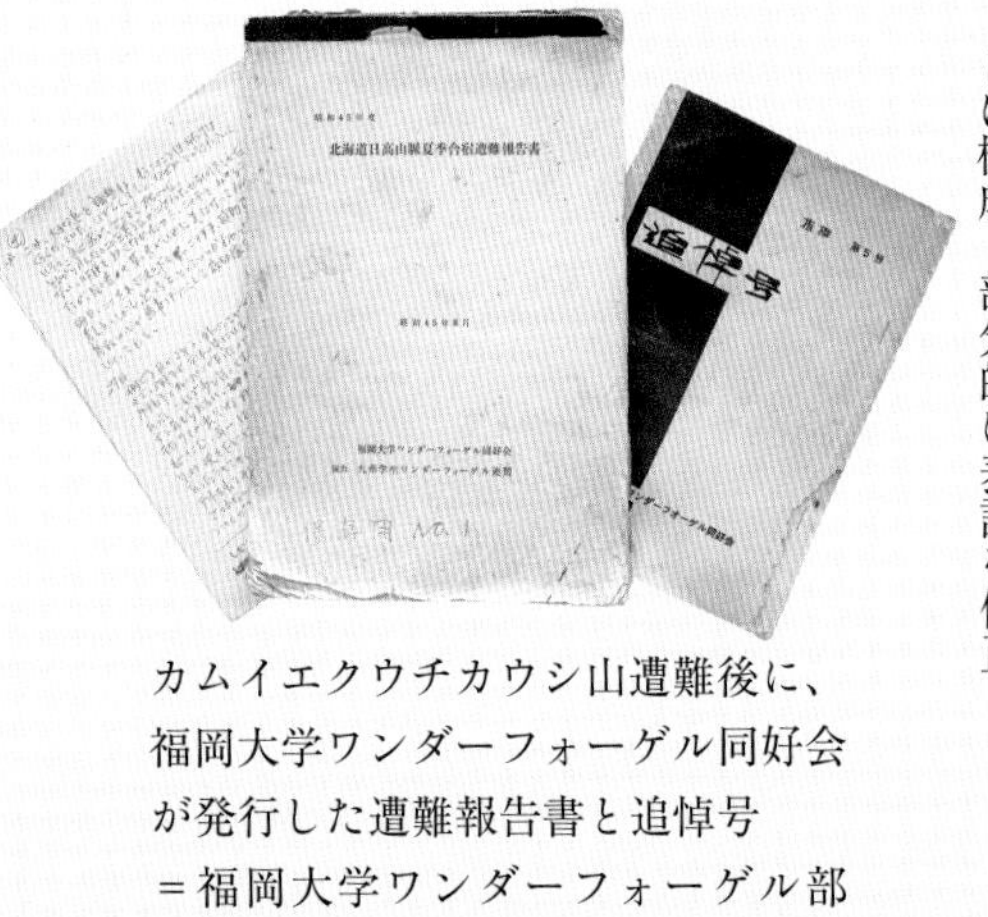

カムイエクウチカウシ山遭難後に、福岡大学ワンダーフォーゲル同好会が発行した遭難報告書と追悼号＝福岡大学ワンダーフォーゲル部（事故当時は同好会）OBOG会提供

カムイエクウチカウシ山・八ノ沢カールのヒグマ、1999年9月29日＝伊藤健次撮影

カムイエクウチカウシ山と ヒグマ

１９７０年（昭和45年）７月の福岡大ワンダーフォーゲル同好会のヒグマ襲撃事故現場であるカムイエクウチカウシ山の山名は、後述のように、北大山岳部草創期の伊藤秀五郎らのメンバーが１９２９年（昭和４年）１月、アイヌ民族の案内人、水本文太郎に、日高山脈主稜上の山名を聞き出す際、水本の説明を元にした呼称「カムイエクーチカウシヌプリ」（伊藤の解釈では「熊を転ばした山の意味」）が起源となっている。

アイヌ語のｋａｍｕｙ（神＝熊）ｅ（そこにおいて）ｋｕｔ（岩陰）．ｉｋａ（またぐ）ｕｓｉ（所）と解釈して、「熊が崖から転げ落ちるほど急峻な山」という和訳で語られることも多く、とかくヒグマと因縁めいたエピソードに事欠かない。カール内での目撃事例も少なくなく、２０１９年７月には、別の日にそれぞれ単独男性登山者がヒグマに襲われる事故（重傷と軽傷）が相次いで起きた。水本の認識の背景にも、この山とヒグマの関わりの深さが念頭にあったからだろうか。

山名決めの背景事情として、伊藤らは山麓からも目立つこの山を無名峰と認識していたからと考えられる。実は、クマ絡みの山名決めのきっかけとなったやり取りから28年前の１９０１年（明治34年）６月、旧陸軍・陸地測量部の陸地測量手・吉田林太郎が、一等三角点の標石柱を山頂に埋めている。点の記では、山名として「札内岳」との記録が残されている。当時、陸地測量部の地形図（１８９６年＝明治29年製版）には札内川を挟んだ対岸に現在の「札内岳」の名称があったが、測量手らは里から見えるこの山に間違いないと判断して、日数と相当な労力をかけて札内川を遡行し、山頂に一等三角点を埋定、点の記で「札内岳」と記したが、事後に間違いが判明したものの、標石柱の埋め戻し、移転作業の困難さもあり、それを押し通したと考えられる。こうした経緯から一部にこの山を「第一札内岳」、現在の札内岳を「第二札内岳」と呼んだと伝えられるが、定着しなかった。北大山岳部内では戦前、「札内岳第二峰」の山名を使うべきという議論もあったが、その後立ち消えとなった経緯もある。

１９２８年（昭和３年）７月、登山者として第１登の慶応大山岳部と第２登の北大山岳部の相次ぐ登頂を経て、その後の北大山岳部員と水本のやり取り、伊藤秀五郎の山岳雑誌「山とスキー」92号（１９２９年発行）での記述を通じ、ヒグマとの縁が続くことになるカムイエクウチカウシの山名が定着したことがうかがえるのである。

アイヌ語地名が多い日高山脈

北海道ではアイヌ語を語源に漢字を当て字した地名が少なくないが、とりわけ日高山脈はアイヌ語をカタカナ表記のまま地名にした山名、沢名が目立つのが大きな特色になっている。主稜線周辺の山の名は多くがアイヌ語を表記しやすいカタカナ表記であり、独特な趣を醸し出している。（引用文の一部漢字は旧字体を新漢字やひらがなに修正しました）

山名は、可能な限りアイヌ語表記を残そうとした北大山岳部の伝統が大きく介在しており、和名が目立つ大雪山系の山名とは際立つ違いでもある。

江戸時代末期の松浦武四郎の記録からも日高山脈の山名や沢名を拾うことができる。明治中期に北海道庁が作成した「北海道実測地形図」（全道を32区分した20万分の1縮尺の地図）が北海道全土を正確な測量によって刊行した最初の地図であり、日高山脈は、「沙流《さる》」、「浦河」、「襟裳《えりも》」の3枚の地図（いずれも１８９３年＝明治26年＝に印刷・発行）で収録。この20万分の1地形図では、カタカナ表記のアイヌ語を語源にした沢名がびっしり書き込まれている。山名は「ポロシリ」「トッタペッ岳」「ピパイロ岳」「メムロ岳」など、一部の山名が散見される程度で、主稜線上では無名の高峰が目立ち、現在の地形図と比べても山名と位置が異なる事例もある。

陸軍参謀本部・陸地測量部がより精度の高い測量技術を駆使して、日高山脈で測量したのは１９２０年（大正9年）で、地形や稜線の起伏、沢筋の流れが詳細に正確に表記された5万分の1地形図が印刷・発行されたのは、21年（大正10年）～22年（大正11年）のことだ。

ちょうどその直後くらいのタイミングで、北大スキー部と、スキー部から分離・独立した北大山岳部の関心が日高山脈に注がれたことがうかがえる。1世紀余り前、北海道内外の学生やクライマーたちは、この陸地測量部の5万分の1地形図や、従来からあった20万分の1の北海道実測地形図も手掛かりに、日高山脈の知られざる山々や登山ルートに思いを巡らし、初登頂や

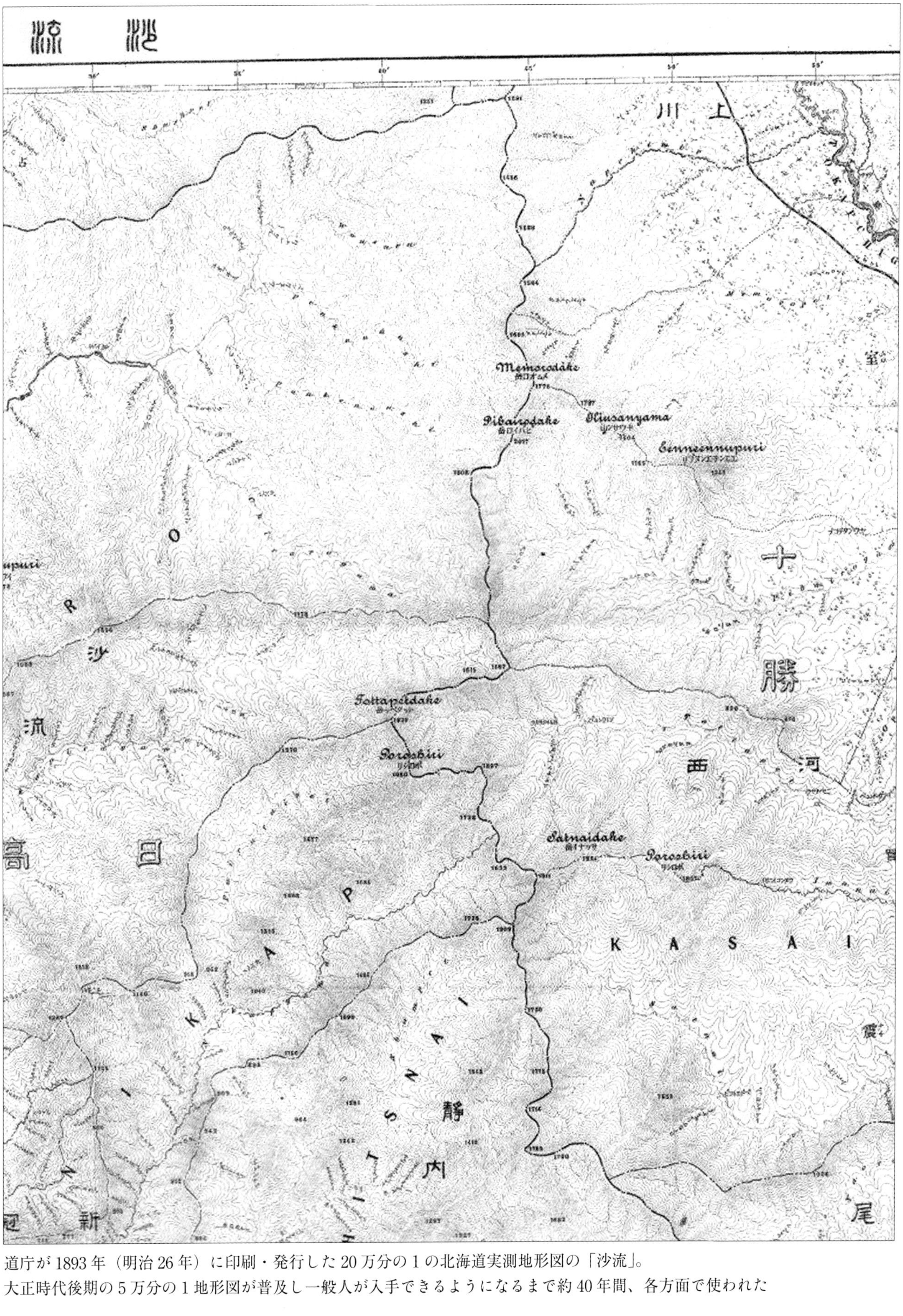

道庁が1893年（明治26年）に印刷・発行した20万分の1の北海道実測地形図の「沙流」。
大正時代後期の5万分の1地形図が普及し一般人が入手できるようになるまで約40年間、各方面で使われた

陸軍・陸地測量部が1920年（大正９年）に測量・製図した５万分の１地形図「幌尻岳」。
戸蔦別岳の位置が違っている

ルート開拓に情熱をたぎらせたかもしれない。

この山脈は、大正末期～昭和初めに始まった登山を通じて、地図上の山の位置や名称が修正され、アイヌ語の意味を重視したカタカナの山名が増えたと考えられる。

「北大スキー部と山岳部の活躍」の項目で紹介した、1925年（大正14年）7月の北大スキー部時代の伊藤秀五郎ら学生4人の中部日高山行が、新たなアイヌ語山名誕生の上で起点となった。

北大生4人は、当時の芽室村（現芽室町）のアイヌ民族で猟師だった水本文太郎と中山浅吉を案内人として11日間かけて、美生川からピパイロ岳、戸蔦別岳、幌尻岳に登った後、戸蔦別川を下ったのだが、この山行に関して、伊藤秀五郎は以下のように述懐している。

「アイヌの称《よ》んでゐる山の名と、測量部の地図のそれとは大変異つてゐる。アイヌの呼んでゐる方の名称の名がはるかにいい様である。何故ならば、彼等はある川の源がそこに発してゐる山嶺にその川と同じ名称を附してゐるからである。だから例へば、地図の戸蔦別岳は美生《ピパイロ》（原文・成）岳であり、戸蔦別川の水上に聳《そび》えてゐる山が戸蔦別岳である。是《これ》は地図には名称が附《ふ》してないが、此《こ》の頂から日高幌尻への尾根が西南に走つてゐる。また札内岳とはどれをいふのであるかアイヌにもはつきり解《わ》らなかつた。此と札内川の源流にたつ山を呼ぶべきだと思ふ。地図にある札内岳は、ピリカペタン岳であり、ホロシリ岳から来た尾根が西走して、戸蔦別岳から来る主脈に会する峰がエサオマントツタベツ岳であり、何《いず》れもそこに水源を発する戸蔦別川の支流の名をそのままとつてゐる」（「山とスキー」53号＝1925年10月刊から）

伊藤は後にこうも書いている。「日高山脈の山名に就《つ》いては、陸地測量部の地形図には不穏当と思はれるものや、書落《かきおと》されてゐるものなどがあつたりして、不便の点がかなり多い〈中略〉。水本文太郎の旧《ふる》い記憶を尋ね、一行のもので相談した結果、粗確定的なものを得たから、それをここに書いて前文の訂正をしておく。これは現在最も正確妥当と考へられるものであるが、これも全く水本のお蔭である。彼はかつて、数十年にわたり陸地測量部、道庁等の測量隊に働いたことのある六十に近い老人で、この辺の地理に精《くわ》しいものであるが、残念なことには彼もその名を知らない山もある。例へば地形図『札内川上流』を南北に縦断する主脈には、三角点をもつ峯《みね》も三つあるが、山名は一つも誌《しる》されてゐない。今度、彼に依《よ》つて知り得たものは、その中で最も北に位する一九七九・四米《メートル》といふ三角点のある山一つであつた。〈中略〉『カムイエクーチカウシヌプリ』といふのださうである（山とスキーの会発行の月刊誌「山とスキー」92号＝1929年5月刊から）」。

伊藤秀五郎は「北海道の山旅」所収の紀行文で、「地形図の山名とアイヌの呼称との間にかなりの食い違いがあるので、水本の記憶をもとにして、私達でこの辺の山の訂正を行うことにした」と書いているように、伊藤ら北大生が日高山脈の登山にアイヌ民族の案内人に同行してもらった際、随時山の名と位置を確認していたことが分かる。

1926年（大正15年）11月、伊藤らは北大スキー部から山岳部を独立させ、日高山脈の登山ルート開拓が本格化していくが、以降に発行した北大山岳部報では、山名の記録でアイヌ語地名を生かすこと、位置を正確に記すことにこだわった伊藤のスピリットが後輩部員たちに継承され、部報などでアイヌ語に忠実な表記の山名が使われていったと考えられる。

また、坂本直行ら北大山岳部OB6人と

慶応大山岳部OB田中三晴の計7人が編集し、1931年（昭和6年）に発行した山のガイド本『北海道の山岳』（札幌・晴林堂刊）では、添付した「日高山脈概略図」も含め、日高山脈の主要な山々の山名と位置が正確に記載されており、この時期に山の位置、アイヌ語地名を生かした名称がほぼ固まったと考えられる。

しかし、日高山脈に関する5万分の1地形図は、陸地測量部が1920年（大正9年）に測量した地形図が昭和に入ってから戦後までそのまま使用され、アイヌ語表記の山名は一部に限られたままだった。陸地測量部の業務を引き継いだ地理調査所がより正確な測量技術により、1956年（昭和31年）に測量を行い、日高山脈の5万分の1地形図は1959年（昭和34年）に発行、カムイエクウチカウシ山、コイカクシュサツナイ岳、エサオマントッタベツ岳、ピパイロ岳、チロロ岳、ナメワッカ岳などが初めて地形図に山名を記載されるに至った。これは北大山岳部で受け継がれてきたアイヌ語表記の山名が正確に反映されたものであり、現在の国土地理院の2万5千分の1地形図にも受け継がれ、今日に至っている。

ちなみに、この時代の山名決めから漏れた、特徴あるピークがその後、1839峰（現在の標高1842メートル）、1823峰（1826メートル）、1940メートル峰＝現在は1967峰（1967メートル）＝、ピラミッド峰（1853メートル）などの名で呼ばれるようになった。

山麓では豊かなアイヌ文化が継承されていることと相まって、山名や沢名のアイヌ語の響きを伝えるカタカナ表記の多さは、日高山脈の大きな魅力になっているかもしれない。

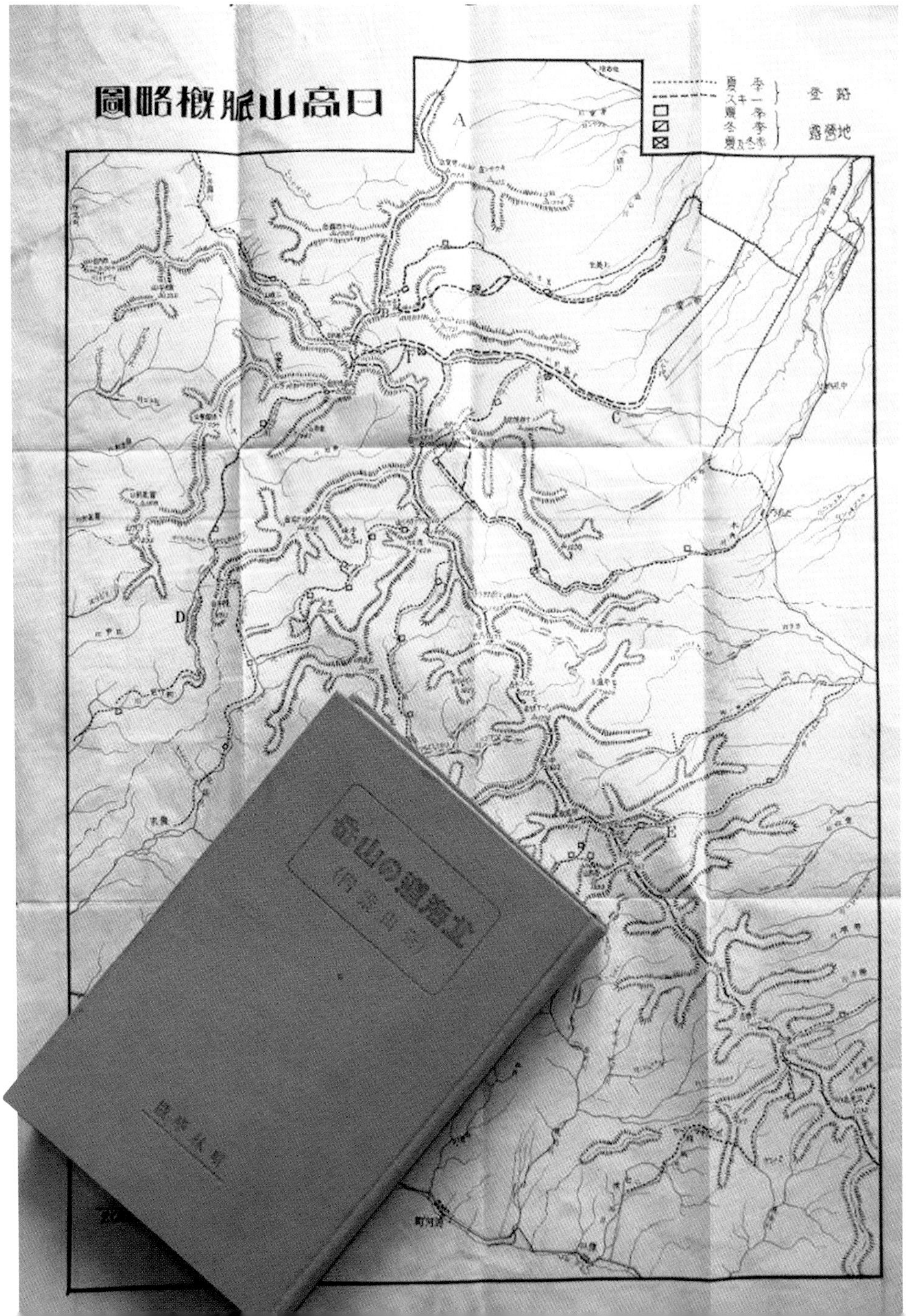

北大と慶応大山岳部OBが1931年（昭和6年）に発行させた『北海道の山岳』（晴林堂刊）と添付された「日高山脈概略図」

Mountain Guide

日高山脈最初の山岳案内人《ガイド》

水本文太郎

明治～大正時代の陸軍陸地測量部、大正後期～昭和初めに登山ルートを開いた北大スキー部と山岳部の部員たちを日高山脈に案内した芽室村（当時）のアイヌ民族・水本文太郎（１９３１年春没）は、大正後期以降の日高山脈の登山ルート開拓とアイヌ語の地名決めの上で功績は大きなものがあった。日高山脈最初の山岳ガイドとしての活躍は特筆に値する。

　北大山岳部報第３号に、１９３１年（昭和６年）春に亡くなった水本文太郎を偲ぶ追悼紙面「水本文太郎さんの追憶」が掲載され、２人の部員が日高山脈の多様なルートを一緒に歩いた思い出、エピソードを書き連ねて、深い謝意を示している。

「北大山岳部の日高山脈に於ける記録は総《すべ》て水本の爺さんが案内をし、若《も》し一緒に行かれなかつたとしても爺さんの記憶や言葉にヒントを得て行ったと云つても過言でなく、若し爺さんを知る事がもつと早かつたならば、日高の山々は他の地方の山に比して今日まで取り残される様なことはなかつたと思ふ。幾つかの又唯一度の山旅にでも行を共にした人々は良き案内人であり、稀に見る良い相棒であつた事を憶《おも》ひ、今更《いまさら》ながら爺さんの死を悼《いた》んでゐる事と思ふ。あの矍鑠《かくしゃく》たる爺さんが此《こ》の様に早く亡くなるとは思わなかつた」「爺さんはあまり無駄口はきかなかつた。一緒に来た若者に澤の名とか、此の澤は何処《どこ》から出てゐるとか色々と説明して聞かせながら、小柄ではあるが弾力のある足取りで蕗《ふき》や羊歯類の一杯生えた蝦夷松の林の中を一番先に歩いてゐた」「爺さんは若い頃から此《こ》んな生活をして来た外《ほか》に陸軍の陸地測量部に長い間雇はれて歩き廻《まわ》った為に大抵の山は知つてゐた。そのためか言葉付きも落ち着いた役人風の口調だった」「日高の山から帰つた人々は、あの落ち着いた、不安のない案内振りに就《つ》いて、水本の爺ちゃんと云つて噂し合つてゐた。それだけ日高の山に就いては、水本の爺さんは離るべからざる人であり、大事な人であつた。私達が此の爺さんをもつと早く知り得る事が出来たならば、日高の山もより以上に歩かれてゐた事と思ふ」（高橋喜久司の追憶）

日高山脈登山の案内時の水本文太郎
＝北大山岳部報第３号から転載

水力発電と日高山脈

電源開発と日高山脈登山ルート

日高山脈の戦後登山史の上で、水力発電のダム開発、関連した森林施業により奥に延ばされた林道や作業道、作業小屋が登山ルート確立に寄与した側面がある。

戦後の高度経済成長時代、電力需要の高まりに対応するため、北海道電力（北電）は1956年（昭和31年）、「日高一環開発計画」を発表。日高山脈の西側（日高側）で、山脈の山々を源流にした4水系（静内川、新冠川、沙流川、鵡川）の流域を使って集中的な水力発電開発計画が動き出す。最終的には北電関連だけでも11のダムと14の発電所が完成し、最大65万キロワットの電気を生み出し、北電にとって電力需要急増時の調整弁やブラックアウト時の種火として欠かすことができない電源地帯となっている。

一連の水力発電開発はダムや発電所に留まらず、4水系の流水を集約するため流域変更なども伴ったため、支流各所で取水施設と導水管が配された。新冠川水系には新冠ダムや奥新冠ダム、静内川水系では高見ダムや東の沢ダムなどが配され、ダム湖が数多くできた。

このため、沢沿いの林道が奥深くまで延ばされ、新冠川水系から幌尻岳（2052メートル）やイドンナップ岳（1752メートル）、静内川水系からペテガリ岳（1736メートル）、沙流川水系から戸蔦別岳（1959メートル）やチロロ岳（1880メートル）への登山道設置につながった。

また電源開発やダム湖（幌尻湖）

北電の奥新冠ダム沿いに続く林道（北電専用道路）を歩く登山者

幌尻岳山頂直下から奥新冠ダムのダム湖「幌尻湖」を見下ろす

奥新冠ダムのダム堤を見る

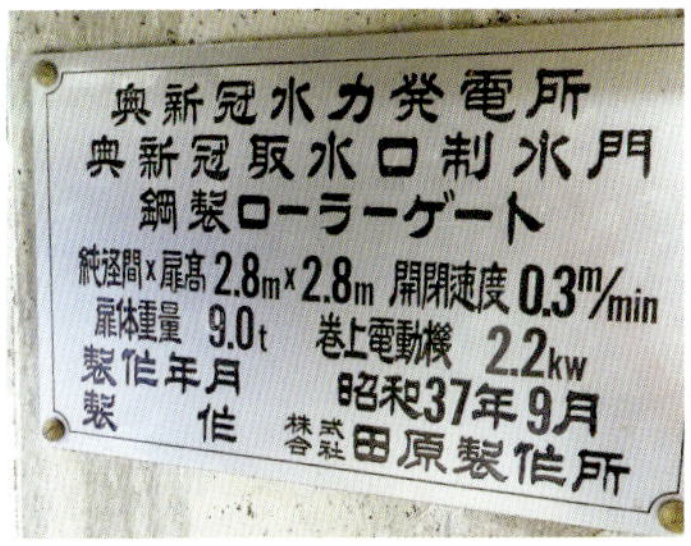

北電にとって日高山脈最奥の発電所「奥新冠水力発電所」の取水ゲート表示板

周辺の造林に伴う作業小屋だった新冠ポロシリ山荘やイドンナップ山荘が登山者用の山小屋として残され、日高側からの登山ルートを大きく短縮させ、日高山脈登山の上で大きな影響を与えた。

　特に新冠川《にいかっぷかわ》沿いでは、長大な新冠林道に続く北電専用道路16キロと作業道の幌尻線3キロが、幌尻岳への最も確実なルートとして登山者に重宝され、プロアドベンチャーレーサー田中陽希《ようき》さんがこのルートを使った縁で、2017年に「新冠陽希《にいかっぷようき》ルート」と命名され、イドンナップ山荘脇に記念プレートが設置されている。

　なお、この日高側のダム開発では1961年（昭和36年）4月、奥新冠発電所への導水管・取水施設工事現場を雪崩が襲い、作業員34人が亡くなる事故も起きている。

　一方、山脈の東側（十勝側）では1954年（昭和29年）、十勝川水系札内川で地元農家が資金を出し合い、地元農家への電力供給目的で小水力発電所用「農協ダム」が、現在の中札内村「札内川園地」横に完成したが、翌55年7月の豪雨に伴う氾濫で、ダム湖は一夜にして埋没。ダムは崩壊して巨岩とともに滝を造り出し、「ピョウタンの滝」の名で札内川園地の観光スポットとなり、今日に至っている。

　その後、「ピョウタンの滝」のすぐ上流で、1998年（平成10年）に多目的ダム「札内川ダム」とダム湖（とかちリュウタン湖）が完成し、カムイエクウチカウシ山や1839峰登山に向かう登山者がその脇を車で通過するようになった。そのほかでは、同じ十勝川水系美生川の美生ダムなど、灌漑《かんがい》や治水主目的《ちすいしゅもくてき》の単発の開発に限られ、登山ルートに関わる日高側の大規模なダム開発とは様相を異にしている。

①：ダム工事に伴う造材作業用に建てられたイドンナップ山荘（後方）脇には、田中陽希さんが歩いたことを伝える「新冠陽希ルート」の記念碑がある
②：十勝川水系札内川でダム崩壊後に観光名所となった「ピョウタンの滝」
③：北電の水力発電用取水施設があるため林道が整備され、マイカーで入山しやすい沙流川水系、パンケヌーシ林道沿いのチロロ岳登山口
④：チロロ岳登山口先、パンケヌーシ川水系曲り沢の取水施設。ここで取水した水は新冠川水系まで導水管で流域変更を繰り返して水力発電に使われている

水力発電工事現場で起きた北海道最悪の雪崩事故のこと

北電の「日高一環開発計画」で最奥の水力発電を担う奥新冠水力発電所は、新冠川・奥新冠ダムの貯水を使うほか、別水系の沙流川水系のパンケヌーシ川の取水施設を起点に計9カ所で取水して、長い導水（支水路）トンネル（延長距離24・4㌔）を敷設して発電用の水を集める工事を伴って、1963年（昭和38年）8月に完成した。しかし、導水トンネル工事が大詰めを迎える中、1961年（昭和36年）4月5日朝、同発電所に近い導水トンネル、取水施設工事現場で、34人が死亡する未曽有の雪崩事故が起きた。

この年は4月3日から5日にかけて、日本海を二つの温帯低気圧が東に進み、5日未明にオホーツク海で一つになり、北海道東海上でいわゆる「爆弾低気圧」として発達した。日高山脈は数日間、低気圧通過に伴い異常な高温と降雨に見舞われ、4日夜から5日朝にかけて同時多発的に多くの雪崩が広範囲で発生したとされる。

最大の雪崩現場となったのが、奥新冠水力発電所への導水トンネルなどの工事現場の一つ、新冠川水系プイラル別川の取水施設付近だった。4月5日午前5時と午前7時30分ごろ、未曽有の雪崩事故が発生した。

2回の表層雪崩は、作業員らが就寝・休憩中の佐藤工業と大成建設の労務宿舎を襲い、佐藤工業の労務宿舎では22人が死亡、5人が重軽傷、大成建設の労務宿舎では12人が死亡、6人が重軽傷を負う大惨事となった。工事用の道路も雪崩で埋没し、工事は2カ月間中断を余儀なくされた。

プイラル別川から慰霊碑を祭る祠まで、刈り分け道が配されている（荻野真博撮影）※現地形図では濁音「ブ」を使っているが、元名の半濁音「プ」の「プイラル別川」とした

担当の労働基準監督署、道警、学識経験者による検証が行われ、「積雪に降雨が加わって起きた表層雪崩」と結論付けられた。34人死亡のこの事故は今も、北海道で発生した最悪の雪崩災害でもある。

この雪崩事故現場であるプイラル別川の取水施設近くの右岸、ヌカンライ岳に向かう斜面を少し登ったところに犠牲者を弔う慰霊碑が建立されている。事故後、人知れず鎮座するこの碑まで刈り分け道が配され、関係者により追悼法要が長年行われてきた経緯がある。日高山脈各地で登山ルート開拓に道を開いた水力発電開発の一方で、このような雪崩事故があったことも長く記憶に留めたい。

慰霊碑には「崩雪災害英霊碑」の文字が刻まれている（荻野真博撮影）

頓挫した日高横断道路計画

日高山脈の自然をめぐって開発か保護かという議論にもなった道路計画があった。

山脈中央部を貫き、日高管内新ひだか町（旧静内町）と十勝管内中札内村を結ぶ、全長約１００キロ（国管理期間約25キロ）の「道道静内中札内線＝静中線（通称日高横断道路）」建設計画。１９６３年（昭和38年）に始まった建設要望活動を経て、１９８４年（昭和59年）に着工。しかし道の財政難に加え、核心部の建設現場の地質がもろいことから工事が難航して完成のめどが立たなくなり、２００３年（平成15年）２月、当時の堀達也・道知事が建設を凍結（事実上の断念）、その年の8月、北海道開発局も正式に中止を決定し、今日に至っている。

これまで国、道合わせて５４０億円が投じられて79キロの道路は敷設されたが、残り21キロが未完のまま。日高山脈を横断する５本の道路（狩勝峠経由の国道38号、日勝峠経由の国道２７４号、野塚トンネル経由の国道２３６号＝天馬街道、山脈南端経由の国道３３６号＝黄金道路、狩勝第一・第二トンネル経由の道東自動車道）に続く6本目の道路は実現しなかった。

造成された道路には橋が約50本あり、そのほとんどに名前が付けられているが、各所で落石や路肩の損傷も目立ち、通行止め区間も長く、計画区間全体の約6割が未完成か通行止めの状態が続いている。

現在は、十勝側では、一般車両は中札内村の「ピョウタンの滝」から9キロ先の幌尻覆道先にある「幌尻ゲート」まで一般車両で入れ、このゲート前がカムイエクウチカウシ山（１９７９メートル）の登山起点になっている。七ノ沢出合付近までできた道路はカムイエクウチカウシ山に向かう登山者の徒歩ルートとして活用されている。

また道路沿いには、札内川園地と日高山脈山岳センター、中札内キャンプ場や札内川ヒュッテがあり、ヒュッテの少し先は、コイカクシュサツナイ岳（１７２１メートル）、ヤオロマップ岳（１７９４メートル）、１８３９峰（１８４２メートル）の登山口にもなっている。

日高側では、一般車両は新ひだか町の静内ダムゲートまでは入れるが、東の沢林道ゲートまでの31キロ、東の沢林道ゲートからペテガリ山荘までの9キロは通行できない。

かつては、静中線から林道経由でペテガリ岳（１７３６メートル）登山口であるペテガリ山荘まで一般車両も入れたが、現在は一般車両の通行はできず、ペテガリ山荘には、ニシュオマナイ林道「神威山荘」手前から峠の沢とベッピリガイ沢経由で入るルートが定番化している。

道道静内中札内線＝静中線について、堀達也・北海道知事（当時）が「中止」を表明した時の記事＝2003年2月、北海道新聞＝、北海道開発局が「中止」を打ち出した時の記事＝同年8月、同新聞＝

日高横断道 事実上の中止宣言

知事 建設凍結を正式表明

堀達也知事は七日、道庁内で記者会見し、着工から十九年たっても完成のめどが立たない日高横断道路（道道静内中札内線）の建設凍結を正式に表明した。道の財政難と、整備の優先性低下を主な理由としており、財政事情が好転する見通しのない中、事実上の中止宣言といえる。

（解説4面、関連記事38面に）

堀知事は「道の評価調書や道政策評価委員会の意見書を踏まえ総合的に判断した結果、道管理区間の未改良区間は当分、新規の改築工事は行わない」とした上で、「むしろ高速道路など高規格幹線道路ネットワークの整備が重要」と述べた。

整備の必要性と妥当性について、知事は「長いターム（期間）でみればある」と述べた。知事は、ダムや発電所の管理などに利用されている区間の安全確保に努めることを強調し、日高管内静内町や十勝管内中札内村など、地元の地域活性化策を話し合う協議会を設置する考えを示した。

国が整備する開発道路の未完成区間約二十一キロについて、道は今後、国に再評価を要請するが、道管理区間の凍結で「幹線道路としての機能が発揮できなくなる」（堀知事）ため、やはり建設凍結となる見通しだ。

日高横断道路は、静内町と中札内村を結ぶ全長約百一キロの主要道道。

二〇〇一年度までに、開発道路区間約二百十億円、道管理区間約二百八十億円が投じられている。

日高横断道路をめぐるこれまでの動き

1963年	建設へ地元要望活動始まる
79年	環境影響評価書条例に準じたアセス手続き
80年12月	道道認定
81年2月	開発道路指定
10月	日高山脈襟裳国定公園指定
84年10月	道、開発局が工事着手
99年2月	開発局が事業再評価を実施
2002年6月	堀知事「一度立ち止まって考え直す」
9月	道、日高横断道路に政策評価条例を初適用
10月	道政策評価委が視察。道、地元意見聴取
11月	堀知事が現地を視察
03年1月	道が凍結を公式表明
2月	道政策評価委が凍結方針を堀知事に伝える
	堀知事が正式に凍結を表明

2003(平成15)年8月1日(金曜日)

日高横断道

開発局も「中止」

道の凍結受け 投資効果なく

道が建設凍結を決めた日高横断道路（道道静内中札内線）について、開発局は三十一日、国が整備を担当する区間の事業を中止する方針案を固めた。開発局は、道が整備を担当していた区間が全体の四分の三にあたることを踏まえ、国としても投資効果はない、と判断した。方針案は一日、第三者による事業審議委員会に提出され、同委員会は一日にも中止方針を打ち出す。

開発局は近く正式に事業中止を決定する見通しで、一九八四年の着工から十九年、約五百十五億円が投じられながら、完成のめどが立たなかった日高横断道路の建設工事に完全に終止符が打たれることになる。

総延長百キロの日高横断道路は、中央部分の二十五キロを国が開発道路として整備、残りの七十五キロ区間の整備は道が担当していた。

開発局は、道が整備を凍結したことで、日高横断道路の迂回（うかい）路となる国道236号（通称・天馬街道）を利用した方が所要時間が短くなることから、「新たな交通需要を見込むことができず、投資効果はゼロ」と判断した。

日高横断道路のうち、国が整備する二十五キロのうち、四キロは整備を終え道に移管済み。残りの二十一キロも中止決定後、整備途中のまま道に移管される。道は「これまで整備が進められてきた道路の有効活用策を地元自治体と検討協議する」（建設部企画調整課）としている。

道道静中線の日高側で一般車両が入れる最終地点「静内ダムゲート」。ここから先は、ペテガリ岳に向かう東の沢林道も含めて通行止めが続いている

道道静中線の十勝側最終地点「幌尻ゲート」が、カムイエクウチカウシ山など中部日高の山々への登山口になっている

道道静中線沿いの十勝側にはコイカクシュサツナイ岳の登山口もある

２０１６年8月の連続台風の傷跡

台風7号から10号の影響

２０１６年（平成28年）8月後半、北海道には台風７号（8月17日）、11号（8月21日）、9号（8月23日）の三つの台風が太平洋から日高山脈南端付近を通って上陸し、十勝地方からオホーツク海に抜けた。さらに、小笠原沖を迷走していた台風10号が8月30日、東北地方三陸海岸に東方から上陸して日本海に抜けた。日高山脈周辺では、わずか2週間で四つの台風が通過して継続的に活発な雨雲がかかり続け、日高～十勝地方で記録的な大雨による被害が広がり、登山ルートに大きな傷跡を残した。

特に台風10号により、8月30日から31日深夜にかけて日勝峠周辺では局地的短時間に非常に激しい雨になった。日高山脈の十勝側と日勝峠周辺で、上昇気流によって形成された雨雲の上空を、台風に伴うレインバンドが通過することで雨を強めるメカニズムが働いたとされている。

このため、日高山脈主稜線を日勝峠でまたぐ国道２７４号では、日高町千栄～清水町清水間（43・8キロ）で沙流川が氾濫し、落橋などの橋梁損傷が10か所、覆道損壊が3か所、道路本体が大きく欠損した箇所が6か所、切土・盛土崩壊が47か所に及び、その後の登山ルートにも大きなツメ跡を残した。国道２７４号は、日高側では構造物被害が目立ち、十勝側は盛土被害が多かった。日高町千栄～清水町清水間は通行止めとなり、２０１７年10月28日に全面復旧するまでに1年2か月も要した。

十勝側では、十勝川水系のペケレベツ川、芽室川などで被害が広がったほか、芽室川上流の芽室岳登山口付近の地形が大き

千呂露川の氾濫で崩壊した国道274号「千呂露橋」＝2016年8月31日（高橋健撮影）

アプローチとなる六ノ沢沿いの林道崩壊も加わり、遠い山になってしまったペンケヌーシ岳山頂＝2014年8月

大雨に伴う土砂崩壊の影響で取り壊された芽室岳登山口にあった山小屋芽室岳＝2013年9月

橋流失により国道から車が入れないので登山者の入山がなくなり、沙流岳越林道から沙流岳山頂への登山道650メートルはササの密林となっていた＝2024年8月

く変わり、山小屋芽室岳が土砂に埋まり、その後解体された。戸蔦別川林道は林道起点から約10キロ（びれい橋）から先は車両通行は不能となり、美生川水系のトムラウシ沢林道は路体流出などのため、伏美岳登山口までの7・4キロは車両通行はできないままで、かつての登山ルートだった林道が各所で氾濫や土砂流出で大きな影響を受けた。

日高側では、沙流川水系が氾濫して日高町千栄集落が大きな被害を受け、国道274号の千呂露橋などが流されてしまった。支流も随所で氾濫し、特にパンケヌーシ林道、ウエンザル林道、沙流岳越林道の被災が大きく、パンケヌーシ林道は北電の取水施設まで（曲り沢合流部付近）は復旧したが、その先は被災時のままで、ルベシべ山（1740メートル）やペンケヌーシ岳（1750メートル）は遠い山になってしまった。沙流川をまたいでいた橋が流されたため、沙流岳（1422メートル）登山に使われていた沙流岳越林道と奥沙流林道には車が入れなくなっているが、復旧の予定はないという。チロロ林道は千呂露橋周辺の復旧後は、北戸蔦別岳（1912メートル）、戸蔦別岳（1959メートル）方面への登山利用が復活した。

荒れた登山道

国への期待と登山者の心構え

日高山脈が国内最大面積を誇る国立公園になった背景事情として、「30 by 30（サーティ・バイ・サーティ）目標」（2030年までに陸と海の30％以上を保全する）という国策目標がある。生物多様性条約締約国会議での議論、2021年6月のG7サミットで日本を含むG7各国は自国での「30 by 30」目標を約束し、政府は2023年3月に「生物多様性国家戦略2023―2030」を閣議決定。目標値達成のため「国立公園等の保護地域を拡張し、管理の質を向上させる」として、面積的に大きな日高山脈の国立公園面積の拡張にこだわった経緯がある。

日高山脈の国立公園化は、地元要望というよりは、いわば国策として「生物多様性の損失を止め、人と自然との結びつきを取り戻すために」（環境省のリーフレット）、広範囲を指定して実現に至ったと考えられる。

日高山脈襟裳十勝国立公園計画書を見ると、十勝幌尻岳、チロロ岳、イドンナップ岳、神威岳、楽古岳、カムイエクウチカウシ山、1839峰、芽室岳、伏美岳・ピパイロ岳・北戸蔦別岳・戸蔦別岳・幌尻岳、ペテガリ岳など18の登山道が、指定「歩道」と位置付けられている。しかし、こうした「歩道」の中には、久山《きゅうさん》岳登山道や伏美岳―ピパイロ岳登山道のように、ササやハイマツなどに覆われている登山道も少なくない。

指定「歩道」以外でも、かつてガイド本で紹介されていた登山道がルートが不明確になったり、ポンヤオロマップ岳―ペテガリ岳のように既に廃道化したルートもある。2016年（平成28年）8月の連続台風の影響により、アプローチとなる林道の路体流出、斜面崩落などが追い打ちをかけて、その先にある登山道がササ繁茂などで一気に荒廃が進んだ印象が強い。

この台風の影響で荒廃した芽室岳登山道では、2021年（令和3年）に有志の呼びかけでボランティアによる手弁当の整備作業が行われ、翌22年から通行が可能になった。しかし地元自治体やボランティアの善意頼りには限界があり、国立公園化を進めた国には、人と自然の共生のためにも、環境省と林野庁、北海道庁の連携により、最前線である登山道、その前提となる林道の最低限の整備に尽力してもらいたい。

入山する登山者としても、日高山脈では登山道が沢中にあったり、ルートが不明確な部分があることを承知の上で、事前の下調べと地図読みの技量、GPSなどの携行が必要であることを認識する必要がありそうだ。

上：国立公園の指定「歩道」である久山岳の登山道は、登山道の位置も分からないほどササが繁茂している＝2024年10月

下：指定「歩道」ではないが、2000年代に入ってから開削されたリビラ山の登山道もササが覆いかぶさり、ルートが分かりにくくなっている＝2024年9月

CHAPTER4

魅惑の登山フィールド

冬日高、最も深い山脈への憧《しょう》憬《けい》

米山　悟
北大山の会（山岳部1984年入部）

札内ジャンクションピークから、シュンベツ岳（中央）、カムイエクウチカウシ山（正面左奥）など日高主稜線周辺をのぞんで
＝2024年3月（山崎脩介撮影）

長く白く深い山脈

冬の日高山脈を縦走したくて
北海道に渡ったといっても
過言では無い。
信州・松本の高校生だった私には
「将来、何になりたい？」の
問いの答えとして
確かだったのはそれだけだったし、
十分な夢だったと今も思う。

日高は長い。

「山脈」という称号が最もふさわしい日高は、東西の大陸プレートの押し合い、突き上げの果てにできた。そしてあの長い山脈に一貫した主稜線の筋が通る。北アルプスも南アルプスも実は数本の小山脈が前後に並び、なんとなく繋《つな》がっている構造なのだが日高は違う。

北から南まで一本槍で貫かれて襟裳岬に直撃だ。支脈と言える支脈は見当たらない。カムエク（カムイエクウチカウシ山）やペテガリはどうしてあんなに屹立《きつりつ》して格好いいんだろう。急峻《きゅうしゅん》な谷と尾根の容貌はなぜ大雪山や札幌近郊山地と違うのか？

地質を多少学んでわかったのは、日高山脈は北米とユーラシア地殻の地球規模の最前線の衝突現場で、突き上げパワーが並々ならず強く盛り上がり、盛り上がるからこそ浸食でガリガリ削られてとんがる。格好いい山というのはヒマラヤでもなんでもそういう理由があるのだ。日高は、地質的には米露対立の最前線なのだ。

日高は白い。

緯度が高く樹林限界が低いから、北アルプスに比べて針葉樹林帯の「黒い袴《はかま》」がかなり低い。日高の標高に千《メートル》足すと本州中央部の景観にちょうど釣り合う。北にあり、気候が厳しいから高い針葉樹林が生えない、樹林がないから気候が厳しい。だから山脈全体が真っ白に輝く。冬の山は白ければ白いほど神々しい。

　白山、立山、大山がなぜ霊山とされたか。京都から最も身近な、はるかな白い雪山だったからだ。白い山は神聖だ。わけもなく祈り、わけもなく崇《あが》めたくなる。惚《ほ》れてしまう。登ってみれば白い山は、難易度が高い。晴れているときは天国だ。

　しかし、吹雪になり視界が消えた白い領域は地獄だ。そして地獄からの生還ほど生きている喜びを知るときはない。山を下って見上げまた祈りたくなる。

日高は深い。

車を降り、足で歩き始めてから稜線まで到達するのに、長い積雪林道を含めて早くても片道2日。帰りも長い。週末登山では縁のない遠く深い山だ。山の魅力、難易度は高さではなく深さだと思う。標高の高い百名山の山と言っても、大抵はそこから日帰り可能な位置まで車道が延々伸びていることが多い。名山なりの受難である。だが日高の場合はそれがない。

　深さこそが山の魅力の芯《しん》ではないだろうか。外界連絡からの孤立、全ての判断と責任を自分たちで負う覚悟。山小屋、道、標識など人社会の手助けに一切頼れない、潔《いさぎよ》さ。そして、そこで感じる底抜けの自由。

現代の日本で、これほど徹底して野生の中に戻れる深く遠い場所が日高の他にあるだろうか。

　そもそも私たちは山に何を求め登るのか？　文明から一時離れ、持って生まれた自らの内なる天然の力を呼び覚まし、他者のお節介や便利な道具や出来合いの仕組みに頼らずに、生きる力と意味を確かめるためではないのか。日高ほど長く、白く、深い山脈は国内に他にないと思う。

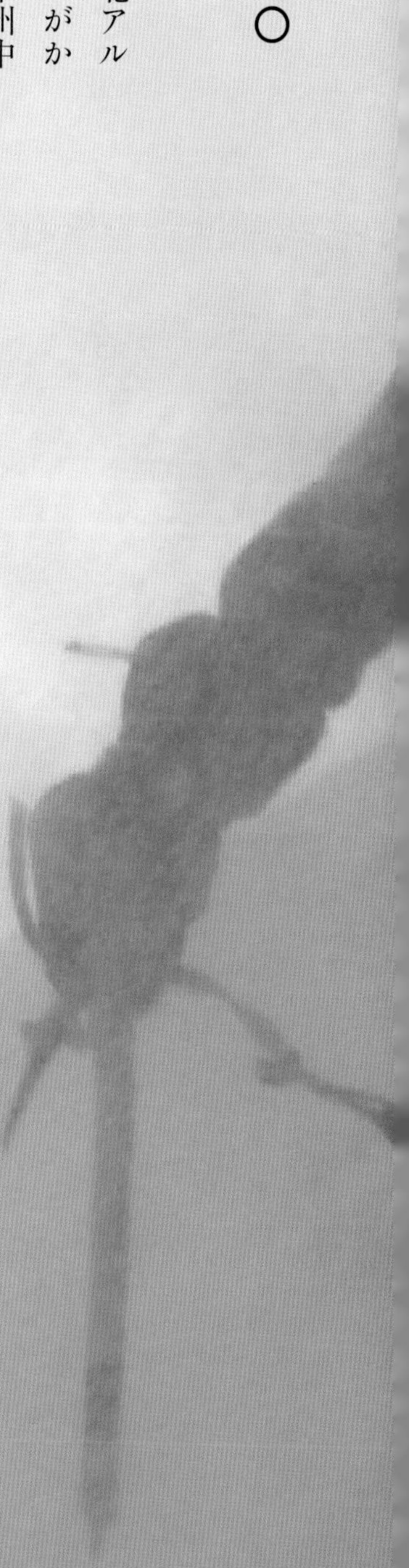

晴れていても谷からの強い吹上風で視界が消える　カムエク南西稜で＝2017年12月（羽月稜撮影）

中ノ岳山頂につながる稜線から見たペテガリ岳南面の「三角形」（右側）。左奥は1839峰＝1989年3月（米山悟撮影）

冬の日高山脈を目指し創立した北大山岳部

1926年（大正15年）に北大スキー部（1912年創立）から「山党」として独立した。当時スキーは自分で山に登って滑るものだったから、元のスキー部ももちろん山に登った。ただ、滑るだけじゃなくて山頂に、その先の未踏の領域に行きたくなったのが山岳部だった。

北大山岳部にとって、スキーは、滑る道具ではなくて登る道具なのだ。シール（アザラシの皮）を板の裏に貼って踵《かかと》の上がるスキーで登行する雪上機動力は、輪かんじきを遥《はる》かに凌《しの》ぐ。

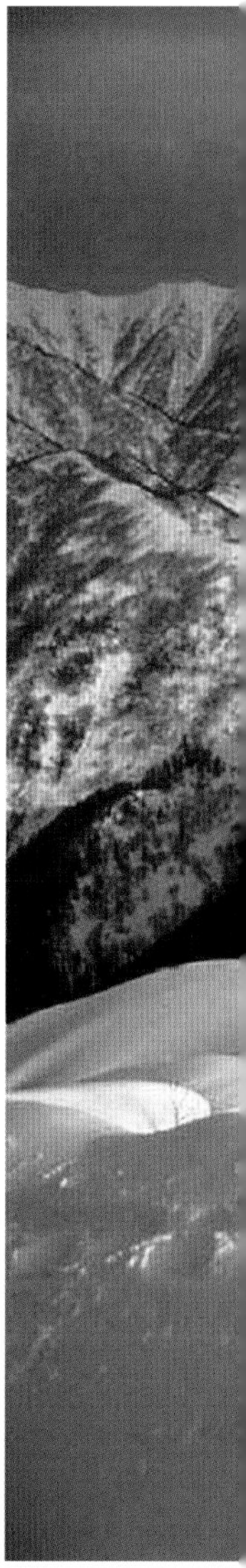

1926年以前のスキー部「山党」時代、大雪山や十勝連峰の山々はスキーで登られ始めていた。その先に未踏で残されていた日高の冬季初登頂は山岳部創立の明確な動機になった。むしろ北大山岳部は冬季日高を登るために結成されたのではないかとさえ私は思う。それまで駆使してきた山スキーの戦法が通じなくなる急峻な地形の山域は道内ではほぼ日高だけなのだ。スキーから生まれた北大山岳部がスキーを超えたところに冬の日高山脈があったということになる。

ペテガリ岳厳冬季初登頂アタックの朝、コイカク山頂のイグルーで＝1943年1月（今村昌耕撮影、北大山岳館蔵）

はるかなるペテガリ岳

北大山岳部によって、1928年にピパイロ岳、1929年に幌尻岳、1931年にカムイエクウチカウシ山、1937年に神威岳と、次々に冬季初登山が成されたが、最も深くにあるペテガリ岳が最後に残った。カムエクには札内川、幌尻には額平《ぬかびら》川やピパイロ川という、かなり奥まで間口の広い大河が通じ日数をかければ急峻ながらも登行尾根に取り付くことが可能だが、ペテガリを巡る谷はどれも中流部が険悪な函に阻まれ容易に懐《ふところ》に近づくことができない。だから最後まで未踏のまま残った。その上ペテガリ岳は美しい。3つのカールを従える東面も、三角の姿を見せる南面も。

初登計画ラインは、林道開発などがまだなかった当時、接近可能な唯一の登路であった札内川から稜線に上がり片道11キロも離れたコイカクシュサツナイ岳からの主稜線往復となった。1937年と1940年には大掛かりな極地法*で試みたが、1940年には8人の犠牲を出す雪崩事故で断念した。この時期、欧州登山界ではエベレストやナンガパルバットへの挑戦の時代で、その影響を大きく受けた手法だった。

日米開戦1年余り後の1943年1月、徐々に悪化した戦況の中、北大らしい原点の少数チームに戻り、最後の挑戦で今村昌耕（1937年入部）と佐藤弘（1938年入部）の2人がペテガリ岳の初登に成功した。国の未来も自分の命も望みのない時代、出征前の最後のチャンスにひっそりと、日高で最後に残った未踏の美しいペテガリ山頂を勝ち取り、死んだ仲間たちの弔《とむら》いも遂《と》げることができた。彼らの感慨はいかばかりだったかと思う。そしてその手法は北大本来の、最小限の物資で、力の揃《そろ》った少数メンバーで軽量速攻というものだった。このときが北大とイグルーの初めての出会いでもあった。イグルーはその後も山岳部の窮地《きゅうち》を救うことになる。

＊極地法　極地すなわち南極点を目指す探検隊が用い、1930年代のヒマラヤ登山で用いられた登山戦術で、いくつかの中間基地に物資を往復して運び、多人数で支えて少数を山頂に送り込む方法。

北大山岳部とイグルー

イグルーは、北極圏先住民の仮住まい住居にヒントを得て、登山に使うようになったものだ。高山の雪質は北極圏と同じで、降雪後も低温が続くため硬く軽く、下界の雪と違い工作がしやすい。北大山岳部と当時交流のあったイタリアの留学生フォスコ・マライーニ*から部員に伝わった。

ペテガリ岳初登の成功は、極地法ではなく、現場の雪をテント代わりにイグルーに使い、軽量快速で危険域を通過する手法の賜物《たまもの》だった。当時世界的に主流だった組織

イグルーをバックにフォスコ・マライーニ＝1940年1月か2月（寺沢玲子さん提供）

的登山ではなく、機動力ある少人数行動の北大本来の方法への回帰がイグルーだったといえる。

*フォスコ・マライーニ（1912〜2004年）アイヌの文化人類学的研究で北大に在籍。その後1958年、ガッシャブルムⅣ峰イタリア登山隊などにも参加。写真家としても著名。2〜4歳を札幌で過ごした娘のダーチャ・マライーニはノーベル賞候補としてたびたび名が上がってきたイタリアを代表する現代作家。

敗戦後再び活動が活発になった北大山岳部は、登山ブームで部員数が多かった1956年には複数パーティによる日高山脈全山冬季リレー縦走や、カムエク冬季集中登山（1960年）、ペテガリ岳冬季集中登山（1963年）を行って大学山岳部総体としての大きなイベントを日高山脈を舞台に成功させ、ヒマラヤ登山への時代を突き進んでいった。しかし部員数最多期の当時はまたも「原点回帰」のイグルーは忘れ去られ、その後更に軽量になり設営の早いテントに再び戻っていた。

1979年3月、知床縦走山行の際、暴風雪でテントが潰《つぶ》され上級生3人が疲労凍死する遭難が起きた。これを機会にテント泊の悪天時の弱さを自覚し山行計画の「検討会」*の目安が厳しく変わった。私が入部したのがその時代だった。

雪洞を掘るにはまだ雪が少ない1月の日高主稜線でのテント山行は、皆を説得できる安全基準になく、ほぼ計画が通らなくなっていた。白い領域で暴風雪になり朝も晩もテントの雪かきを続けなければならない状況になっても、すぐに安全に樹林帯に逃げ込めない天場。中部日高の雪稜縦走ではそういう天場（幕営地）で何日か泊まらなければならない。

*山行計画の「検討会」　北大山岳部では山行計画の妥当性を全部員で長時間検討し、実施するかどうかの可否を決める。計画を部員全員が把握し、遭難救助にも迅速《じんそく》に当たれるようにし、リスク管理についての意識を高めるのも目的だ。

この私たちの時代の行き詰まり感を打破したのがイグルーだった。雪で潰されず埋まるだけのイグルーは、作り慣れれば短時間（1時間弱）で作れるうえに、雪洞ほどの積雪が要《い》らず場所も季節も自由。荷物を軽量化できる上、辛《つら》い撤収作業もなし、悪天時の安心感、低温時の快適さはテントとは比べ物にならなかった。この「ブレイクスルー」を経験したことが、山岳部の雪山山行レベルの低迷期を解脱《げだつ》させ、私自身の山行人生も変えたと思う。

ペテガリ山頂の特大二重壁イグルー。低気圧を迎え撃つ初めての試みだった＝1988年12月（米山悟撮影）

1989年、私はイグルーを積極的に作ってペテガリ岳〜コイカクシュサツナイ岳の、長年現役パーティで行われなかった冬季縦走をすることができた。憧れのペテガリ山頂にイグルーで2泊して低気圧を気楽に迎え撃ち、コイカクの山頂には46年ぶりにイグルーで泊まったことになる。イグルーは再び山岳部の窮地を救ってくれた。

答えは過去の自身の歴史の中にあり、またも原点への回帰が鍵になった。イグルーは何よりも、身につけた技術だけで、厳しい冬の日高を渡っていけるのだという自信と自由感をもたらしてくれた。イグルーは次世代に引き継がれ、次に上げる積雪期長期縦走の山行に今も北大山岳部の得意技として生きている。

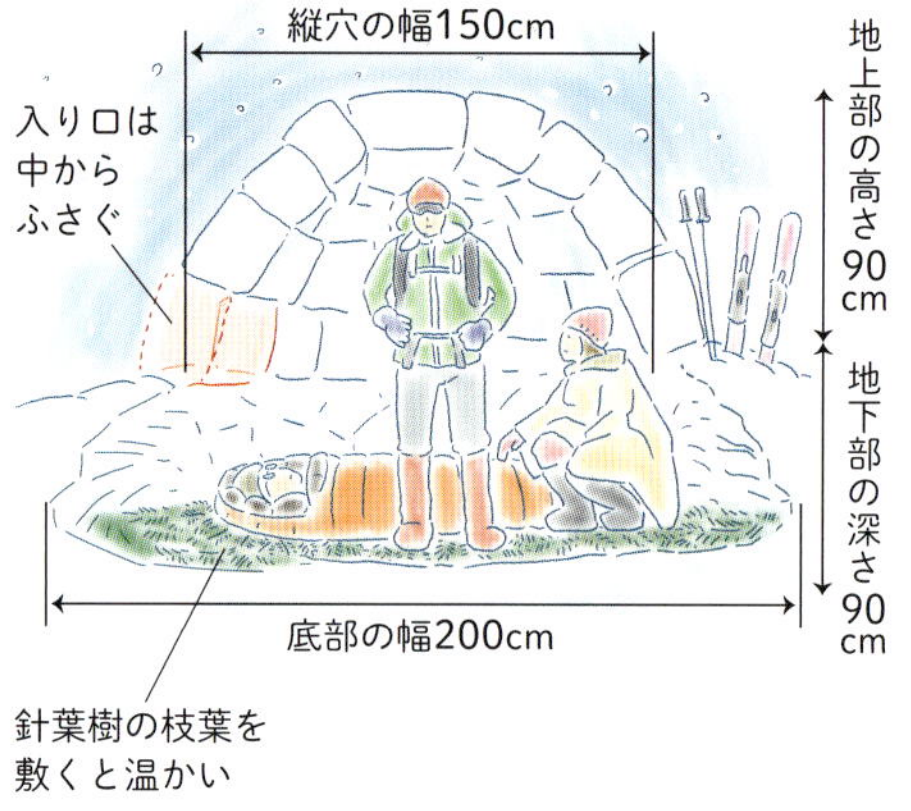

イグルー作成の模式図＝ブロックはノコギリとショベルで丁寧に大きく切り出し、掘った縦穴にドームを小さめに作るのが秘訣

21世紀の日高山行、新たなステージへ

21世紀になっても遠い日高山脈は変わらない。アプローチは相変わらず長く、積雪期の日高の主稜線山行は短くても1週間、予備日を入れれば10日以上にもなる。現役の4年目学生までのリーダーがまだ半人前の下級生を入れたパーティで、日高の主稜線の縦走計画を成し遂げるのは今もなかなか難しい。総合的な力が全てのメンバーに求められ、初級者に下駄を履かせる手段が無いのが日高の特質だ。

山岳部で丸4年の活動を終え、一通りの失敗を経験して一人前の部員になった卒部生にとって、冬の日高の稜線縦走はようやく手が届く世界になる。2010年代以降の顕著な傾向で、山岳部の4年間を卒業した若手OB同士、あるいは単独で、このボリュームの山行をするという記録が続いている。主稜線のみならずカムエク南西稜のような難易度の高い登行尾根や長大なペテガリ東尾根を含む山行もある。以前の「常識」から見れば、超人級とも言える山行だ。彼らのその後の輝かしい登山愛好人生を予告するような創造的で高レベルな記録ばかりだ。そして、単独行による日高全山縦走も行われるようになり、新たなステージに入った感が強い。

その理由の一つを推測すると、2000年以降、山岳部員の間でクライミング技術が向上したことが挙げられる。以前はクライミングといえば短い難ルートで全く別の技術を要し、冬季縦走とは対局のものに思えた。クライミング派は冬季長距離縦走に興味を持たず、分離し退部していたものだった。だが近年超人的な冬季日高縦走を行う面々は、クライミングでも精進に励み成果を挙げている。

今や両者が分離せず、一人のクライマーの中で共存しているのである。これも考えてみれば当然で、冬季単独長距離縦走に必要なスキルは度胸、計画性、段取り、状況把握、集中力、それを絶やさない強靭な肉体であり、全て困難なクライミングに必要なものだ。むしろ、困難なクライミングの世界に浸った者さえ引っ張り戻す魔力が、積雪日高の稜線にはあるのだ。以下に一覧をあげる。

2014・2・20―3・2 日高山脈主稜全山（楽古岳―コイカク＝コイカクシュサツナイ岳＝で下山） 山下晋（1997年入部）
2015・3・28―4・11 日高山脈主稜全山（日勝峠―襟裳岬） 勝亦浩希（2003年入部）
2015・12・26―31 カムエク南西稜―札内川 高橋岳（2010年入部）
2016・12・27―1・5 新冠湖―イドンナップ岳―ナメワッカ岳―エサオマン＝エサオマントッタベツ岳＝―札内岳―十勝幌尻岳 五島翔・羽月稜（2012年入部）
2017・2・24―3・3 東尾根―ペテガリ岳―中ノ岳―神威橋 羽月稜・増田文弥（2012年入部）
2017・12・25―1・4 カムエク南西稜―1823峰―1839峰 五島翔・羽月稜（前出）
2020・12・27―1・1 コイカク―ヤオロマップ岳―1599峰 竹内祥太・水野就（2016年入部）
2020・12・29―1・6 中ノ岳―神威岳―ソエマツ岳―ピリカヌプリ―春別山 成田啓（2015年入部）
2021・12・25―1・2 新冠湖―イドンナップ岳―ナメワッカ岳―カムエク―1823峰―コイカク 佐藤雄貴・竹中源弥（2017年入部）
2021・12・28―1・16 日高山脈主稜全山（日勝峠―コイカクで下山） 井上大地（2017年入部）
2021・12・30―1・5 西川尾根―1823峰―ピラトコミ山 飯田幹太（2017年入部）
2022・1・4―11 カムエク南西稜―1823峰―コイカク 成田啓（前出）
2022・3・6―11 十勝幌尻岳―札内岳―エサオマン―1967峰 水野就（前出）
2022・12・26―1・1 ペテガリ岳―コイカク 飯田幹太（前出）
2022・12・10―11 コイカク北面直登沢冬季初遡行 成田啓（前出）、宇野吉彦（旭川山岳会）
2023・12・13―15 1807峰東面直登沢冬季初遡行 成田啓（前出）、宇野吉彦（前出）、水山虎之介（信州大2017年入部）、竹中源弥（前出）
2023・12・25―30 神威西尾根―神威岳―中ノ岳―ペテガリ岳 竹中源弥（前出）
2023・12・27―1・1 ペテガリ岳東西横断（東尾根～西尾根） 中川凌佑（2019年入部）
2024・2・5―14 早大尾根―ペテガリ岳―神威橋 竹中源弥（前出）
2024・3・6―24 日高山脈主稜全山（芽室岳～楽古岳～襟裳岬） 中川凌佑（前出）
2024・3・17―4・5 日高山脈主稜全山（日勝峠―襟裳岬） 山崎脩介（2013年入部）
※以上ウェブサイト「ヤマレコ」に詳述記録あり

1823峰山頂から南の山並み、無名沢《ナナシ》源流強風地帯をのぞむ。
正面奥に1839峰が見える＝2017年12月（羽月稜撮影）

氷を直登する新しい日高の登り方

２０２２年冬、成田啓（前出）がアイスクライミングによって、冬季の日高山脈の谷を山頂まで直登するという新しい山行分野を拓《ひら》いた。雪崩の危険が高まる前のよく冷えた季節のアイスクライミングロングルートで、南アルプス・甲斐駒ヶ岳の黄蓮《おうれん》谷《だに》などで行なわれる。日高ではこれまで誰も試さなかった。

結氷していない下流部の通過や、積雪のタイミングの選択など、強い意志と判断力、それに山行をデザインする発想力もいる。クライミングやアイスで積んだ経験から、日高の新しいジャンルを拓いた。これも日高での単独長期縦走をする力と経験があって初めて閃《ひらめ》いたはずだ。

日高積雪期全山単独縦走

長く白く遠い日高山脈主稜の尾根を下るときはいつも振り返り、このまま襟裳岬まで行けるものならと思う。一度は夢想する日高山脈の全山縦走だ。何度かに分けながらはやってみたい、一挙につなげることは私の時代には単独では無理と思っていた。

だが身近な世代では１９９０年代に山スキー部ＯＢの伊藤健次が行い、２０１５年に北大山岳部の勝亦浩希、２０１９年に北大ワンダーフォーゲル部ＯＢの野村良太（その後２０２２年に日高山脈を含む宗谷–襟裳縦走63日間）、２０２４年北大山岳部の中川凌佑と山崎脩介がそれぞれ別に行ない、成功した。途中で下山した例もほかに何件もあった。最低でも20日近くの行動日の中には必ず何度もテントを潰《つぶ》すほどの悪天も迎え撃つ。彼らがどれだけ卓越した体力と集中力と情熱を持ち、周到な準備をしていたか。日高山脈の主稜線全山縦走はマスコミもピオレドールも関係ない、仲間たちからの羨望《せんぼう》の勲章になる。

イドンナップ岳–ナメワッカ岳–カムエク–1823峰縦走時、後方に逆光のカムイエクウチカウシ山＝2021年12月（竹中源弥撮影）

日高山脈主稜全山縦走時、神威岳—ソエマツ岳間の「靴の幅リッジ」と呼ばれる両側絶壁の雪稜を慎重に歩く
中央右にソエマツ岳＝2024 年 3 月（中川凌佑撮影）

ルベツネ山からペテガリ岳（最奥）への登り
左はキムクシュベツ沢源頭のカール群
＝2022 年 3 月（中川凌佑撮影）

いつか行けなくなる切ない山

主稜線を往復するだけでも週末では行けない雪の日高山脈は、時間を十分に使える学生や定職のない時期の若者だけに可能な人生の期間限定の条件が強かった。その上必要な経験と体力を作るには、日常からそれに準ずる山行生活をしていなければ不可能だ。

これまでの日本社会では、いずれ時間を自分で管理できない立場になるまでのモラトリアム期に可能な「いつか行けなくなる山脈」だった。時間ができた時にはその能力はなくなっている。雪の日高の主稜線はこれまでずっと若者だけの聖域であり、日高に登れなくなるときが、青春との惜別《せきべつ》だった。彼らの山行記録からは、日高の山行が終わってしまうときの感傷をあまねく読み取れてしまう。

しかし稀《まれ》ながら、生涯に渡って日高の長期山行を繰り返した登山愛好家もいる。

1956年生まれの島田茂(北海道教育大札幌校ワンダーフォーゲル部OB)は、若者級の積雪期日高の長期縦走と渓谷登攀山行を40年以上続けてきた。同氏の著作「無名峰」を読むと、教職をしながらも時間と体調を整えるために、仕事と家庭で多大な努力をしたことがうかがえる。数々の記録の後半はもちろん単独行だ。島田氏の山行に付き合えるパートナーを見つけることはできなかったという。島田氏をここまで惹《ひ》きつけて捕まえ離さなかった日高の魅力を思う。

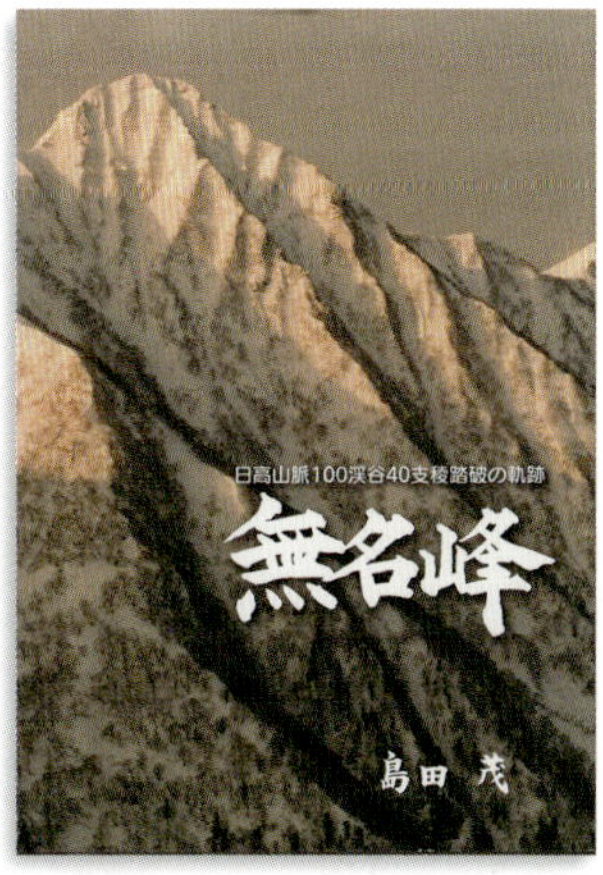

島田茂さんが2016年に刊行した『無名峰』

秘境の山脈は、冒険者たちのゆりかごのままで

日高山脈は国立公園になった。日高の語源は「ヒダカミ」の国。松浦武四郎が名付けた、日本古来の東方最果てのまぼろしの異民族の国の名だ。

知床も白神も、秘境として世界遺産になり、人を招いて名は知れた。特別な保護地域指定でこれからは守ってほしいのは、これまで無制限だった大規模な道路開発、水源開発、人を呼ぶ観光開発の規制だ。

一方で、どうか自分の足だけで秘境に挑もうとする冒険者たちのささやかな行動までを規制しないでほしい。少数ながら秘境を訪れ、その価値を知る者が絶えてしまっては日高を後世に残す意味が無い。日高山脈の山々は、永遠に、冒険者たちのあこがれの山であってほしい。

芽室岳を目指して芽室川源流を行く
＝2022年7月（黒川伸一撮影）

夏日高、沢跋渉《さわばっしょう》の快感

受け継がれてきた夏の沢旅

北大山の会（山岳部1974年入部）
小泉　章夫

日高山脈における沢を使った夏期の登山は1923年7月、北大スキー部の松川五郎らの芽室岳登頂に始まる。彼らは芽室川を遡《さかのぼ》って登頂し、さらに稜線伝いに幌尻岳を目指したが、ヤブに阻まれて引き返した。2年後の25年7月、同スキー部の小森五作らは、美生川からピパイロ岳に登り、幌尻岳へ縦走した。

ピパイロ岳と幌尻岳の間は標高が高く、ヤブが低いため、それほどの困難もなく、歩行できた。

日高山脈の夏山登山は北から始まった。

最高峰の幌尻岳をはじめ、高峰が北日高に多いことに加えて、縦走が容易だったためだろう。一方、標高が低くなる中部日高では、丈の高いハイマツやダケカンバなどの猛烈なヤブで「器械体操」を強いられ、稜線を踏破することは容易ではなかった。32年、慶応大山岳部の斎藤貞一らは、コイボクシュシビチャリ沢とコイカクシュシビチャリ沢を分ける尾根に取り付いて、1839峰、ヤオロマップ岳と進み、6日目にようやくペテガリ岳の頂にたどり着いた。

登山道が少ない日高山脈では、主稜線に到達するためには、深い渓谷を幾日もかけて遡《さかのぼ》らなければならない。水量の多い函の通過を避けるため、尾根を越えて迂回《うかい》路を探すこともあった。例えば、28年に初めてシュンベツ川を下降した慶応大の斎藤長寿郎らは悪場に行き詰まって、左岸の尾根を越えて上アブカサンベ沢に降り、本流に戻っている。以後、シュンベツ川の上流へはこのルートが使われていたが、戦後はコイボクシュシビチャリ川からカシコツオマナイ沢に越えてシュンベツ川に入るルートが使われている。

メナシベツ川上流へは、歌笛から梟舞川《けりまい》を歩き、迷いやすい稜線を越えてイベツ沢を下って入った。29年夏、メナシベツ川上流のコイボクシュシビチャリ沢から分岐する無名沢から1839峰を目指した北大山岳部・福西幸次郎らは、無名沢の出合を見つけられないまま、コイボクシュシビチャリ沢を遡ってしまい、1823峰付近の主稜線に上ってようやく間違いに気づき、行先をカムイエクウチカウシ山に変更して山行を続けた。この頃、主稜線の峰々に、すでに三角点が置かれていたが、現地調査は不十分で、河川の流路は不明な部分も多かった。当時の地形図では、無名沢の合流点は実際より4キロも上流に描かれていたのである。無名沢の出合が渡辺良一らによって確認されたのは41年のことだった。

沢歩きは尾根歩きに比べて、絶え間ない景観の変化を愉《たの》しむことができる。地形図からは読み取れない滝や函が忽然《こつぜん》と現れる、探検的な要素に満ちた登山といえよう。「日高山脈」(北大山の会編、71年)ではこう記す。「そこはけわしさの点では従来の体験をうけ入れて余りがあり、また未知の点ではこここそ唯一の空白地帯というべきところであった。探検とロマンティシズムに加えて、峻険《しゅんけん》な頂への登高、この二つが同時に求められた日高山脈開拓期の登山者こそ、もっとも恵まれた者といわねばならない」

苦労して主稜線までたどり着いたからには、一つだけではなく、いくつかの山頂をきわめたくなる。しかし、稜線のヤブこぎは避けたい。そこで、頂から一旦沢へ下り、二股から沢を登り返して次の頂へ向かう、沢旅ともいうべき行動様式が生まれ、北大山岳部で長年受け継がれてきた。

32年、中野征紀と相川修は千呂露川からパンケユクルペシュペ沢経由で額平川《ぬかびら》上流に入り、幌尻岳を越えて新冠川《にいかっぷ》に下り、イドンナップ岳を越えてシュンベツ川上流へ、最後はカムイエクウチカウシ山に上がり、札内岳まで縦走してピリカペタヌ沢を

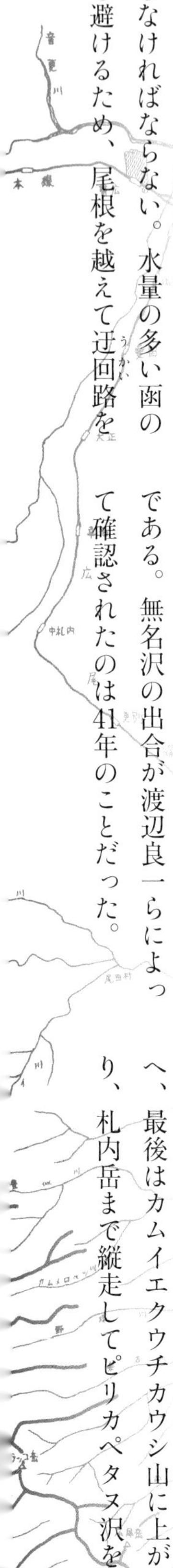

下っている。日高の山嶺を3回越えており、「谷から谷へのさすらいの山旅」（朝比奈英三・橋本誠二著「北大山岳部の登山―戦前の回想を主として」から）の最初の例の一つと言えるだろう。

戦後、1950年代になると、ダムの建設や造材のために、奥山へ林道が急速に延びていった。主稜線へのアプローチは格段に容易になり、放浪的な沢旅に加えて、直接ピークに突き上げる難易度の高い沢、「直登沢」を目指す山行が増えた。55年、滝沢政治らは無名沢から1823峰の南面直登沢を詰めようとしたが、果たせずに尾根に追い上げられている。「次の滝は完全に瓶の底、ハーケンがあれば何とかなったのだろうが、誰が日高に三つ道具（注・ハンマー・ハーケン・カラビナのこと）を持ってくるだろうか」（北大山岳部々報8号）。そういう時代だった。

困難な沢詰めを求める機運は高まり、58年、松下彰男らは無名《ナナシ》沢から三ノ沢を詰めて1839峰の頂に立った。これ以後60年代にかけて、直登沢の遡行ラッシュが続く。サッシビチャリ西沢からペテガリ岳

日高山脈概念図
＝北大山岳部部報10号から転載

札内岳からピリカペタヌ沢を下降する＝2013年8月（黒川伸一撮影）

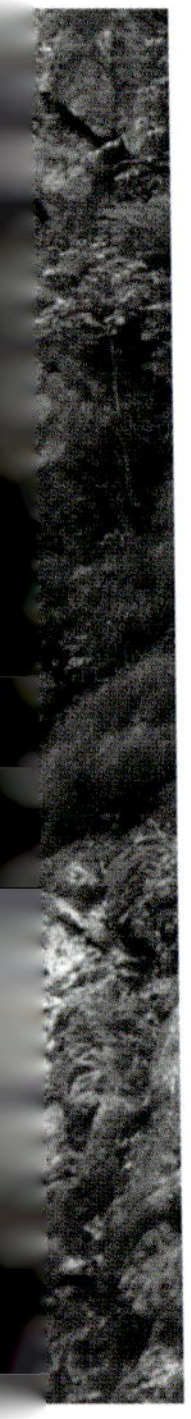

上：ペテガリ岳を目指してサッシビチャリ西沢・大滝を行く＝1976年8月（小泉章夫撮影）
左：ソエマツ沢西面直登沢からピリカヌプリを目指す＝1975年8月（小泉章夫撮影）

（酒井和彦ら60年）、ピリカヌプリへはソエマツ沢からの西面直登沢（中沢祥男ら60年）、無名沢から1823峰（西 信ら67年）等々。三つ道具が装備に加えられ、中ノ岳南東面直登沢（神谷晴夫ら69年）、ソエマツ岳南西面直登沢（越前谷幸平・下沢英二75年）、カムイエクウチカウシ山北西面直登沢（高橋 仁ら78年）などが遡行された。

キムクシュベツ沢の函を泳いで下る
=1975年8月（小泉章夫撮影）

従来の沢旅に、登攀を志向する直登沢の登降を組み入れた、スケールの大きな山行も現れた。神谷正男らは、12日間かけて、西沢からペテガリを越えて中ノ川に下り、北東の沢から中ノ岳を越えてニシュオマナイ沢に下り、西側から神威岳に直登して、再び中ノ川に下り、最後はソエマツ岳を越えてヌピナイ川を下降した（62年）。高橋仁らはソエマツ沢からピリカヌプリを往復したあと、ソエマツ岳を越えて中ノ川に下り、南東面の沢から中ノ岳を越えてペテガリ川に下り、さらにペテガリ岳を越えてキムクシュベツ沢を下った（75年）。いずれも直登沢を4回登ってピークを越えていく旅であった。

中ノ川北面沢から神威岳を目指して
=1980年8月（末武晋一撮影）

忘れ得ぬ旅の情景

夏の沢旅で忘れ得ぬ情景をいくつか思いおこしてみたい。トラックの荷台で揺られて、たどり着いた林道から地下足袋を履いて河原に降り立つ。脚絆《きゃはん》を巻いて、沢水に浸した草鞋《わらじ》を締め、重いザックを背負い上げる。草鞋はおろしたての時より、多少、すり切れた頃が滑らないので、歩き出しは、適当に砂地を踏んで行く。しばらく歩いた後は、砂の上や尖《とが》った岩角を避けて、草鞋が長持ちするように心がけた。一枚岩の岩盤や滑《なめ》を歩く時は、ピタピタと草鞋が吸い付く感触が心地よかった。

　脚のそろった仲間と歩く沢は楽しい。どちらかの岸を先行していた者が行き詰まったら、対岸から追い越し、先頭に出る。どの石を踏んで跳ぶか、どの高さでへつるか、ルートを見つけて歩く悦《よろこ》びは大きい。水際をへつることができれば一番よい。落ちても安全だし、足がかりは水の中にあることも多いのだ。できれば、草付きを高巻く危険は避けたい。

　大きな谷は、河原を歩いていても水の圧力を感じる。雨が続いて、水量の増した時は尚更《なおさら》だ。徒渉は股下を越えると、水勢を腰で受けることになって危ない。長く続く函の途中で、時には、倒木が懸けた天然の橋に出会う僥倖《ぎょうこう》もあった。深い淵や瀞《とろ》になったところは流れがゆっくりで、むしろ安全に泳ぎわたることができる。背負ったザックは、頼れる浮きになる。そうして、一つ、また一つ、出合につくたびに、地図で現在地を確認し、水量が減ったことに安堵した。

　沢の旅はさまざまな水音《みなおと》に溢《あふ》れている。河原のせせらぎ、直瀑の轟音《ごうおん》、しゃらしゃらと重なる滑滝の音、瀞の沈黙。速い流れの側壁をへつっていくと、両岸の岩壁はいよいよ高くなってきて、やがて、雪渓の懸かった廊下の奥からくぐもった瀑音が聞こえてくる。期待と不安をおぼえながら、早足で雪渓をくぐり抜けて滝壺に臨めば、側壁から飛沫《ひまつ》をあげて落ちてくる大滝が目に入る。

　幕営地が近づくと、各自、薪《たきぎ》になる流木を拾いながら歩く。釣りをしながらいく者もいる。河原の乾いた砂は寝心地がよいが、増水すると危ないので、河床より一段高いところに、背丈をこえるイタドリを倒して床を作り、テントを張る。河原でダケカンバの樹皮と小枝で流木に火を付け、雑炊を炊く。雨の中でも傘をさしてたき火をつける。樹皮がすっかり剥落《はくらく》した流木は濡れていてもよく燃えた。ようやく日が落ちるころには、盛大なたき火となり、濡れた衣服もすぐに乾いてくれる。晴れた夜は、谷底から見上げる狭く切り取られた空に、見慣れた星座を探すのも一興だ。

流木を使った焚火を囲んだ時間は貴重なひとときだ
=1980年8月、中ノ川上流（小泉章夫撮影）

谷筋の屈曲を回り込むたびに、新しい景色が展開する。やがて上流に近づく頃、雲の切れ間から思いがけない高さに、主稜線が見える。それは支尾根の稜線の樹木の連なりがつくる凹凸のあるシルエットとは異なり、なめらかで紛《まぎ》れのない輪郭を描き、見間違うことはない。詰めが近づくと俄《が》然《ぜん》、流れは急になる。次々に現れる滝を攀《よ》じてぐんぐん高度を稼いでいくのは爽快《そうかい》だ。

　カールで泊まるのは特別な夜だ。ハイマツの枝を集めてささやかな火をおこし、運がよければ、夜空に満天の星を見上げながら草むらで横になる。遠く、こもった水音が聞こえる。闇に沈んだカールの中の幸福な眠り。夜明けの寒気に突き起こされるまで。

　下山は明るく開けた十勝平野に下るのがよい。カラスアゲハが吸水する広い河原を横切って林道に上がる。果てしなく感じられる道だが、「里馬力」で歩き続ければ、両側の山並みは少しずつ低くなっていく。やがて平野が広がり、真っ直ぐな道が、日差しに白く輝く。人が来るのを待っていたように、道端から虫たちが飛び出してくる。サカハチチョウが顔にとまって汗を吸おうとする。遠くに赤い屋根が見えて、牧場が近づく。放牧された牛たちが一斉にこちらを振り返り、日高の旅が終わったことを知るのである。

幌尻岳の稜線をのぞむ七ツ沼カールで幕営
＝1977年7月（小泉章夫撮影）

情熱に大らかに応えてくれた大切な場所

北大山の会(山岳部1990年入部) 松原 憲彦

エサオマトッタベツ川遡行を終えてカールでの幕営＝2020年8月28日(山崎開平撮影)

私の属した北大山岳部では、北海道山岳の抱える幾つもの山域の中で特に日高山脈エリアを「ヒダカ」と呼称していた。愛と情《じょう》を込めて。北大山岳部の歴史的経緯を引くまでもなく、やはりヒダカは我々北大山岳部員にとって特別な場所であり、部員は敬意を払って取り組んだ山域である。

沢を登りていまいつか
わらじも足に親しみぬ
三日三晩の籠城《ろうじょう》も
過ぎて楽しき思い出よ
いざ行こう我が友よ
日高の山に夏の旅に
北の山のカールの中に眠ろうよ

北大山岳部歌「山の四季」2番の夏の歌詞に込められた情景に心を惹《ひ》かれて部員は日高を目指した。卒業後も含めて、私もガイド本「北海道の山と谷」をバイブルに、沢をルートに日高詣《もう》でを繰り返した一人だ。

日高山脈は「北海道の背骨」とも呼ばれ、その脊梁山脈の主稜支稜に雪を載《の》せた日高の山並みは、魚の骨をイメージさせる。その骨の上を歩くのが縦走登山なら、骨の間の窪《くぼ》みを探るのが日高の沢登りだ。

「沢は〝自然の路〟である」とは大島亮吉の言だが、ヤブの深い原始の山を歩く際に登路を沢にとるのは動物たちほど強さのない人間にとって理に適《かな》っている。幾日もかけて辿《たど》り着いた沢の奥に現れる滝や函(ゴルジュ)は華々しくまた険阻《けんそ》で、同じものは一つとしてない。滝や函は自然の造形物であり、大仰《おおぎょう》にいえば芸術作品であって、初めて目にするそれら新しい景色、清浄な空間といった秘密を手探りで紐解《ひもと》いていくのが日高に限らぬ私の沢登りである。

多忙を極める現代人の生活様式の表れか、「ワンデイ弾丸登山」が持て囃《はや》される昨今の風潮に照らせば、奥行きのある日高はそういった軽装山行にそぐわない山であり、逆に言えばスマホ等管理社会の傘の下から離れることに抵抗ある登山者の理解を強く拒《こば》む山とも言える。沢登りを含めた登山が人間社会からの一時的な離脱行為ならば、電波の届かない場所に身を置いて、山の空気を吸い沢の水を身体に取り込み、縦へ横へ斜めへと移動を繰り返して再び人間社会に復帰するのが与えられた条件下での冒険であり、日高では特にその感を強くする。

北大山岳部では、西の日高側から入山して幾乗っ越しかを経て東に下山し、帯広の名店「はげ天」でリーダーの奢《おご》りで天丼を腹一杯頂くのが先輩たちから引き継いだ習わしだ。本州で「黒部横断」と呼ばれる山行が、後立山連峰を越えて黒部川を渡渉し剱岳をゴールに西へと目指すように、乗っ越しを繰り返すことにより累計標高差のある大きな山を出現させるのが日高の山旅であり、沢旅と呼ばれるものだったと理解している。その究極が2003年8月、服部文祥氏が日勝峠から襟裳岬までを24日間かけて行った「日高全山ソロサバイバル」と称した沢旅だったことを記しておきたい。

重量級山行とは呼べないまでも、とにかく長く山に身を置き、身体を山に馴染《なじ》ませて山との一体感を深めて、日高という稀《まれ》な山を頭ではなく身体で知る、感じることができたのは、暇な学生時代の特権だった。先ごろ亡くなったある俳優の言を待つまでもなく「危険を冒して前へ進もうとしない人、未知の道を旅しようとしない人には、人生はごくわずかな景色しか見せてくれない」。人里を遠く離れて孤独に長く山に居たい、それも危うく刺激に満ちた世界に身を晒《さら》したいという、青春期特有の思いで北海道の山を跋渉《ばっしょう》した当時の私に、日高が見せてくれた景色はどれ程だったろう。

私がそんな日高の魅力を体感したのは山岳部1年目、9日間に渡る北日高での夏メイン山行でのことだった。重荷を背負い、渓流に足を浸し、時に函を泳ぎ、滝を越え急傾斜を登り詰めて辿《たど》り着いたカールボーデン、香《かぐわ》しいハイマツに濡れて歩いた稜線からは遠くにヒグマを目にした。七ツ沼カールに宿り、オショロコマを釣って沢から沢へ移動して、目にする全てが新鮮だった。リーダーからは、山登りのイロハから酒、煙草まで様々教わったけれど、殊に日高の魅力を教わったことは何よりの宝だ。

日高山脈の沢旅の一例として、卒業後の後年の記録をここに記したい。

春別川イドンナップ川～ポンイドンナップ川下降～カムイエクウチカウシ沢左俣左沢～札内川八ノ沢下降

【1999年8月8日～12日】パーティ

青島靖（大阪市立大山岳部ＯＢ）／本多和茂・松原憲彦（北大山の会）

当初は、春別川の林道終点から下流部の「大函」と呼ばれる廊下（ゴルジュ）帯を通過し、カムイエクウチカウシ沢左俣を登ってカムイエクウチカウシ山（通称カムエク）に到達し、十勝側へ抜ける計画だった。しかし、春別川の予想外の増水に阻《はば》まれて転進、イドンナップ川からその名の山を乗り越えて春別川の支流であるポンイドンナップ川へ下降し、本流への復帰を余儀なくされた。例年にない高温と好天と雪渓の無い好条件に恵まれ、直登沢の完登という満足な結果が得られた。

8月7日　本多の車で札幌を発ち、新千歳空港、静内経由で春別川の上流を目指す。イドンナップ川を渡った林道上にてキャンプした。見下ろす春別川は一週間前の大雨の影響だろう、豊富な濁水を流しており大函通過は困難を極めそうだ。焚き火してゴロ寝すれば、空も星で増水気味だ。

8月8日（快晴）　暑さで叩《たた》き起こされる。入渓して茶色く濁った川を早速渡り、時折ロープを使用する渡渉《としょう》を繰り返して前進するも、大函手前の標高260㍍にてついに前進不能、敗退を喫《きっ》する。一旦下山し、協議の結果、大函には見切りをつけ、イドンナップ岳経由で水量を減じた春別川本流上流に降り立つプランに変更する。再び車でイドンナップ川の林道を詰め、車を捨てて標高400メートルまで崩壊林道を歩いて終点で泊まる。

茶色く濁った春別川本流の渡渉場面（青島靖撮影）

8月9日（晴）　イドンナップ川は取り立てて何もない沢で、標高900メートルの手前に狭い滝がまとまってあるが左岸を巻いて、あとは傾斜のあるゴーロをひたすら詰める。源頭部の盛りを過ぎた花畑にはヒグマの掘り返しや糞が至る所に見られた。イドンナップ岳の肩の踏跡に当てて山頂へ。ここから眺めるカムエクはいつもと違ったアングルだけに別の山かと思った。北はチロロ岳から南はピリカヌプリまでの展望が得られた。当然1839峰は目立つ。ポンイドンナップ川へは山頂からダイレクトに下降し、花畑の急斜面を滑り降りていく。西日を背に受けて下降していくと、沢は支流を集めてどんどん水量を増してゆき、標高800メートルの二俣では結構な量となる。その下のガレ溜まりを整地してタープを張った。

8月10日（快晴）　更に水嵩《みずかさ》を増していく沢を2時間下れば、春別川本流に出合う。イドンナップ岳登頂を経ての2日間に渡る大函の大高巻き、とも解釈できる。この上流ですら二度、流されるような渡渉で通過したシーンがあった。これを抜ければドカンと能天気な河原に一転する。雲一つ無い青い空に、解放感もひとしおだ。ナメワッカ沢を分けると水はいよいよ清冽《せいれつ》な流れとなる。カムエク沢に入ってからは美しいナメが散発的に現れるのみで、標高730メートル二俣の先の右岸にて時間は早いが泊まる。

8月11日（快晴）　本山行ハイライトの日がいよいよ到来した。歩き出して暫《しばら》くは、美しいナメや快適なナメ滝が続く。標高920メートルに核心の始まりを告げる二段6メートルハング滝があり、軽く右手にいなす。水流に磨かれた片麻岩の小滝群を、水に抗《あらが》ってへつり、登る。

カムエク沢で、小滝群を水流に逆らいながら遡行する（松原憲彦撮影）

ここまでに水に漬《つ》かること数回で、10メートルスラブ状滝の左手に初めてロープを延ばす。ガクンと左に折れたところに両岸を堅固な岩壁で武装した4メートルのチョックストン滝が我々の侵入を阻《はば》むかのように居座っていた。先人はここから大きく巻いているようだが、条件の良い今回は泳いで取り付きショルダーで登れた。ザックは吊り上げ、後続にはアブミを垂《た》らす。落水の勢いある5メートルチョックストン滝は、右手の隙間に身体をねじり込むようにしてズブ濡れになって這《は》い上がる。

落水をモロに受けるので、プーリー（滑車）を使用して荷揚げした。行く手にはアトラクションが続々と立ちはだかる。飛び出す8メートルハング滝は右岸ルンゼよりロープを出して草付きバンドに導かれて落ち口へ。12メートル程の滝をトントントンと三つ快適に登れば両岸岩壁は更に威圧感を増し、関門の滝を配して標高1189メートル二俣へ導いている。見上げれば右に20メートル溝状の滝、左に二段に見える50メートル大滝が水を涼《すず》し気に垂らしている。まずは関門の滝である直登不能の10メートルチョックストン滝を青島氏の快適な岩登り2ピッチで越える。標高1189メートル二俣は、これまでの記録は右沢を採っているが、我々は左沢に掛かる50メートル大滝を採る。巻くのが順当だが、さりとて垂直でもなく「登ってみぃへん？」と嬉しそうに青島氏が言うので、ロープを出して登ることにする。左岸の凹角から50メートル一杯のピッチで外傾テラスまで。

岩の隙間に潜り込んで滝を越える（青島靖撮影）

　2ピッチ目も左岸のジェードルを目指してアブミを使って前進するが、あと一歩が踏み出せない。ヒョングリ部分の水流を跨《また》いで右岸のスラブの弱点を縫って辛うじて登り切る。この2ピッチ目に約3時間かかり、時間も押したので大滝落ち口の岩溜まりを整地して泊まる。高度感ある滝の落ち口からは、夕暮れ空に映えるイドンナップ岳が望まれた。本多のザックからは褒美《ほうび》の缶ビールが転がり出た。

50メートル大滝、1ピッチ目終了点より見下ろす（青島靖撮影）

8月12日（晴）　宿泊地上の35メートル滝は傾斜が強く登れず、左岸のブッシュ帯を高巻きして懸垂下降で戻った。次の二段20メートルの滝で初めて残置ハーケンを認める。この沢を採った先人がいたのが嬉しい。降り立ってすぐ標高1320メートルの支沢が入ってきて、核心部は終了した。

　両岸は相変わらず荒いV字谷だが、中はゴーロで何程のこともない。標高1420メートル二俣を右に採り、30メートル滝でもう1ピッチ出せば両岸の壁も落ち着きを見せ、ロープ不要になり緊張から解放された。後はナメ滝の連続でグングン高度を上げ、軽くブッシュを漕《こ》げばカムエク直下の稜線に出て、15秒で頂上へ。生憎《あいにく》ガスが沸《わ》き上がって主稜線の展望は得られなかったが、長年の懸案だった沢を登れて心は晴れやかだった。下降に採った札内川八ノ沢は流石《さすが》によく踏まれて滝の巻き道も明瞭だが、源頭カールにヒグマの気配は濃厚だった。札内川本流出合からは踏み跡を織り交ぜた河原歩きで、工事中の七ノ沢出合で実質下山した。ヒッチハイクで上札内まで出て、大樹町の友人宅に転がり込んで乾杯、一連の旅は終わった。

山には、山域それぞれに植生や地質岩質、気候の違いによる特性がある。出向いて初めてわかるそれぞれの良さがあり、日高にも「ここにしか求めようのない」何か、が確かにある。

北海道で、日高山脈で習った10年間のスキルを携えて故郷・岐阜に戻り、腕試しにと通った木曽山脈に飛騨山脈、そして台湾の渓谷にも足を延ばした。総じて日高山脈は、積雪量、降雨量の多い黒部渓谷や台湾の東面渓谷に比べて部分的な例外はあっても人を圧するような迫力ある景観を有している山ではない。緯度は高いが標高は高くても2052メートルで、深い森もない。では日高とは何か？ それは高い山ではなく原生で深い山、である。泳いだ先の出口の見えない長い廊下や函、行く手を阻むゴルジュ滝、立ちはだかる大滝と、必死に取り組むに値する困難な直登沢、根性の果てるまで歩き続けることのできる奥行きある沢。日高山脈開拓期の案内人であった水本文太郎、坂本直行先輩の「雪原の足あと」に登場する広尾又吉はじめとするアイヌの人々が生活の糧《かて》を得るために分け入った歴史のある山々を、保たれた原生さの中で今も彼らとほぼ同じ体験が叶《かな》う貴重な場所であること、この点が他では得難い日高の価値だと考える。

国立公園になり、日高山脈は今後、どう変化するだろう。一つ言えることは、表面的な観光の波に晒《さら》されることはあっても深部までが掘られることはあるまい。それがたとえ21世紀であっても。そう、日高は立ち入る者を値踏みする山であり、立ち入る側の人間は敬意を払い、心して扉をノックするべき貴い山なのだから。

日高で目にした風景を心に留めようと、私は子の名前にその名を頂戴した。私の中には常に日高が在る。

カムエク沢で唯一高巻いた35メートル滝（青島靖撮影）

ヒダカは我々の情熱に大らかに応えてくれた大切な場所であり、私にとっての若き日の山である。

CHAPTER 5

山麓に残された記憶

山岳画家・坂本直行と日高山脈

黒川 伸一

かつて、終生日高山脈にこだわった画家がいた。山岳画家・坂本直行《なおゆき》（１９０６～82年）。農民画家とも呼ばれた。

だれが言い出したのかわからないが、人は親しみを込めて名前の音読みで「チョッコウさん」と呼び、その呼び名が今日に受け継がれている。「開墾や山での苦労がにじみ出たゴツゴツした風貌は、近寄りがたいところもあったが、実際は面倒見のいいやさしい人だった」。

生前の坂本直行を知る人はこう話した。

日高山脈を描いた数多くの絵画、スケッチ、版画。そんな絵柄も交えて、機知に富んで、優しい人柄がにじみ出るほのぼのとした文体で書き綴った『山・原野・牧場』、『開墾の記』、『原野から見た山』、『雪原の足あと』などの画文集が、当時は一面の原野だった十勝平野から見る日高山脈の魅力を今日に伝えている。

広尾町で農夫として馬にまたがる坂本直行（左）＝北大山岳館所蔵

坂本直行＝「はるかなるヒマラヤ　自伝と紀行」から

広尾町下野塚で農業経営上欠くことが出来なかった乳牛と＝同上

日高全山パノラマに感動して

釧路に生まれた直行は、父親の仕事の関係で8歳の時に札幌に転居し、札幌二中（現在の札幌西高）時代から本格的に登山に親しみ、1924年（大正13年）、北大農学実科に進学後はスキー部でスキー登山に熱中。26年（大正15年）、スキー部から山岳部が分離・独立すると、山岳部で活動した。

大学卒業後、植物の温室経営を目指して東京の園芸会社で2年間修業し、29年（昭和4年）に帰札したが、世界恐慌による不況もあって温室経営を断念。翌30年（昭和5年）、24歳の時、北大時代の同級・山岳部時代の岳友で、牧場主になっていた野崎健之助の誘いで初めて広尾村（現在の広尾町）を訪れ、十勝原野の背後に広がる日高山脈の圧倒的な光景に魅了されてしまう。

「はじめて見る日高全山のパノラマは、当時心に動揺するものを抱いていた僕にとっては、まったく魅力的であり、印象的であった」

「『原野から見た山』それは僕にとって一番美しい山の姿であると感ずるようになったのは、半日の丘のワンダーリングのあとであった」

広尾に向かう道中や、広尾に入った当初、スケッチブック片手に歩いた時の感動を、代表作である画文集『原野から見た山』でこう書き残している。

坂本直行の画文集の一つ
『原野から見た山』＝茗渓堂刊

開墾者の一方で登り続ける

そんな感動に心を躍らせて、札幌の実家には帰らぬまま、30年（昭和5年）秋以降、野崎牧場で牧夫として働き、暇を見ては日高の山々をスケッチする一方で、農閑期の冬場には、単独で、あるいは北大山岳部の後輩たちと日高山脈に分け入り、32年（昭和7年）3月には楽古岳初登頂者となるなど、特に積雪期の日高山脈に積極的に登った。その成果として、35年（昭和10年）12月の小樽新聞（北海道新聞の前身紙の一つ）では「冬山の魅力　永遠の神秘境」「日高山脈登高行　坂本直行氏に聴く」という見出しが付けられた4回の連載記事が掲載され、直行は主要な冬山コースや山としての魅力を解説、紹介している。この記事の中で、直行は日高山脈について、「四十数峰中冬山処女峰二十六峰を残し厳然として聳《そび》え立つ姿こそ登山界の寵児《ちょうじ》」と評した。

「紺碧の空に美しくレリーフされた日高山脈の峻烈《しゅんれつ》さに、新しいよろこびと大きな魅力を覚えた」直行は、6年間の牧夫生活を経て、この地に開拓者として根を下ろすことを決める。36年（昭和11年）、広尾の街から離れた豊似《とよに》川右岸、下野塚の未開の原野で、25ヘクタールの土地を取得して独立し、開拓農民として原野に自宅を構え妻を得て、開墾のクワを下ろした。現在、この住居跡には、広尾町教委が建てた「山岳画家　坂本直行入植の跡」碑が残されている。原野の向こうには、楽古岳（1471メートル）、十勝岳（1457メートル）など南日高の山々が横一列になって広がっていた。

　厳しい自然と貧困、凶作にも直面する中、直行は炭焼きや牛乳の販売で現金収入を補いながら、開墾や農作業の合い間に、日高の山々を描き続けた。その一方で自身の足で山にも登り、37年1～2月、山岳部の第1次冬季ペテガリ登山隊にOBとして参加したが、悪天のためペテガリ岳山頂手前の稜線で敗退する。そして、その3年後にペテガリ岳冬季初登頂を目指した第2次ペテガリ登山隊がコイカクシュサツナイ岳直下で雪崩遭難し、後輩8人が亡くなる事故が起きるのである。連絡を受けた直行は

冬の山の魅力
永遠の神秘境
日高山脈登高行
秘訣を 阪本直行氏に聴く (2)

冬の山の魅力
永遠の神秘境
日高山脈登高行
秘訣を 阪本直行氏に聴く (3)

冬の山の魅力
永遠の神秘境
日高山脈登高行
秘訣を 阪本直行氏に聴く

冬の山の魅力
「雪と岩」の峻峯
日高山脈登高行
秘訣を 阪本直行氏に聴く (1)

「日高山脈登高行　坂本直行に聴く」の見出しが付けられた小樽新聞4回の連載記事＝1935年12月6日～9日付

北大山岳部「第1次冬季ペテガリ登山隊」に唯一OBとして参加した坂本直行（右端）。ヤオロマップ岳山頂近くのアタックキャンプで。ペテガリ岳に届かず敗退、3年後の後輩たちの雪崩遭難の伏線となった＝1937年2月

遭難現場に駆け付け、救助や遺体、遺品捜索にあたった。「3年前のペテガリ行きの失敗が、取り返しのつかぬ結果となった運命を思って涙を流した」「あきらめきれぬ悲しさが僕の胸をしめつけた」などと、後に述懐している。

直行一家の住居跡の基礎部分が残る一角には、広尾町教委が建立した「山岳画家　坂本直行入植の跡」碑がある

直行が原野を農地として開いた開墾地跡（現在は別の農家の牧草地）からは真正面に鋭鋒・楽古岳が見える

原野から見た山へのこだわり

厳しい自然環境下で、現代のように効率的な農機具がない中、開拓農民として原野の雑木を倒し、伐根し、農地として耕作し、牛などの家畜を飼って乳を搾り、農作物を育てていくのは容易なことではなかっただろう。

しかし、直行は「冷厳無比な圧倒感を示した原野に、生き甲斐と喜びを感ずるようになった」「登山者があらゆる苦難に打ちかって、山上に立った時のような歓喜を覚えるようになってからは、原野に対してははげしい情熱をもやした」「無限にわいてくる原野に対する愛情と情熱は、いつも僕の心に勇気を吹き込んでくれた」と、眼前に広がる開墾対象でもある原野に熱い思いをたぎらせた。そんな開墾や馬橇《ばそり》などを近景に入れた日常の生活場面は絵として数多く残されている。

山岳画家として直行がこだわったのも、山の中での絵よりも、眼前に広がる十勝原野から見た日高山脈だった。「原野から見た山」の題名に、その思いが込められており、自身が開墾した下野塚の原野や開墾地越しに描いた楽古岳、十勝岳周辺の日高の山並みの絵やスケッチが圧倒的に多い。十勝平野からは遮るものがなく日高山脈が扇の衝立のように視覚に入るため、直行にとっては、遠景として描くことになる日高の山々が、どのアングルからも魅力的な光景に映ったのかもしれない。

広尾町豊似市街地に自宅を移した1960年以降は、豊似市街地の北側に位置する更別原野から見た日高山脈の絵が多くなり、現在の幕別町忠類の丸山展望台付近が定番のスケッチ場所になった。

十勝原野から見た日高山脈の光景について、直行は画文集『雪原の足あと』で、こう書いている。「原野からいちばん美しい姿を見せてくれるのは、札内川上流と日方川上流の山波で、ペテガリ以北、札内岳くらいまでである。この美しい山波をいちばんよく眺められる地点は、広尾線（国鉄分割民営化直前の1987年2月に全線廃線化）の更別原野を中心とする地帯である。僕は山に雪がきて全山冬の姿になると、もう心がおちつかない。僕の胸には、いまもこの壮麗な山波の姿がつきまとう。積雪がまだあまり多くならない十二月頃、僕はよく更別原野の山波に並行した一直線の国道を、画板を下げて歩いた。美しいカールを

直行が描いた原野の「伐根作業」（『開墾の記』から）

直行が描いた原野を農地に変えたあとの耕作「春耕」（『開墾の記』から）

1940年に描かれた「雪原をゆく馬橇」＝六花亭所蔵。背後に楽古岳（中央）～十勝岳（右）の山並みが描かれている

日常の原野の生活を近景に入れた「冬の牛乳運搬」（『山・原野・牧場』から）

「初冬の日高連峰」＝北大山岳館所蔵。
直行が「原野からいちばん美しい」と言う中部日高の山々。左端のペテガリ岳からヤオロマップ岳、コイカクシュサツナイ岳などが連なって見える

「トッタベツより幌尻岳」（『雪原の足あと』から）

「カムイエクウチカウシ」（『原野から見た山』から）

▲日高ポロシリ七ツ沼カールの幕営＝秀岳荘所蔵
この絵は、1959年夏、秀岳荘創業者の金井五郎らと行った幌尻岳山行で七ツ沼カールに泊まった時にスケッチした下絵を仕上げたもので、その時の模様が（左）の8ミリフィルム動画の各コマ

抱いて、峻烈な渓に青い影を落し、紺碧の空に白光を放つ山波は、いつ見ても僕の体内に新鮮な命を吹き込んでくれる。尖峰こそもたないが、山腹に三ッの大きなカールを抱いた、豪放なペテガリの山体は、標高千七百米の山とは思えぬ圧力をもっている」

画業に専念するため札幌に転居する65年（昭和40年）までの35年間、広尾の原野や農地越しに見る日高山脈を素材にした作品は優に千枚を超える。もちろん、登攀意欲に燃えた主要なピークや憩いのひと時を描いた作品もある。

直行が描いた日高山脈の絵は、現在は個人所有の作品を除けば、六花の森（中札内村）と六花亭、広尾町海洋博物館、北大山岳館（札幌市）、浦臼町郷土資料館、高知県立坂本龍馬記念館（高知市）などで保管されたり、展示されている。

秀岳荘と六花亭、後輩たちとの縁

日高山脈山麓で、窮乏に瀕しながら、孤軍奮闘する直行を見かねて、岳友たちが34年（昭和9年）以降、山の月刊誌で絵のカットや原稿を依頼したり、38年（昭和13年）以降、山の絵の個展開催を仕向けたことで、「山岳画家・坂本直行」の名は戦争を挟んで、徐々に知られるようになる。開拓農家としての生活が安定してきた昭和30年代、広尾町下野塚にあった原野の直行の自宅は、2組の実業家と濃密な縁を取り持つことになる。

札幌の登山用品店「金井テント製作所」創業者金井五郎は、直行の初の個展（札幌）がきっかけとなり、57年（昭和32年）、原野の自宅を訪問したことで縁が深まり、直行が発案した「秀岳荘」に社名を変更、商品カタログや包装紙の図柄を無償で提供を受けるなど、長い付き合いが続いた。

坂本直行、秀岳荘の金井五郎＝中段写真（左）＝らが参加した1959年の幌尻岳山行時に、参加者の１人が撮影した8ミリフィルムをその後、金井の友人が編集した動画から。直行がスケッチする場面が映像として残されている

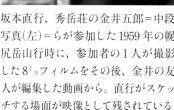

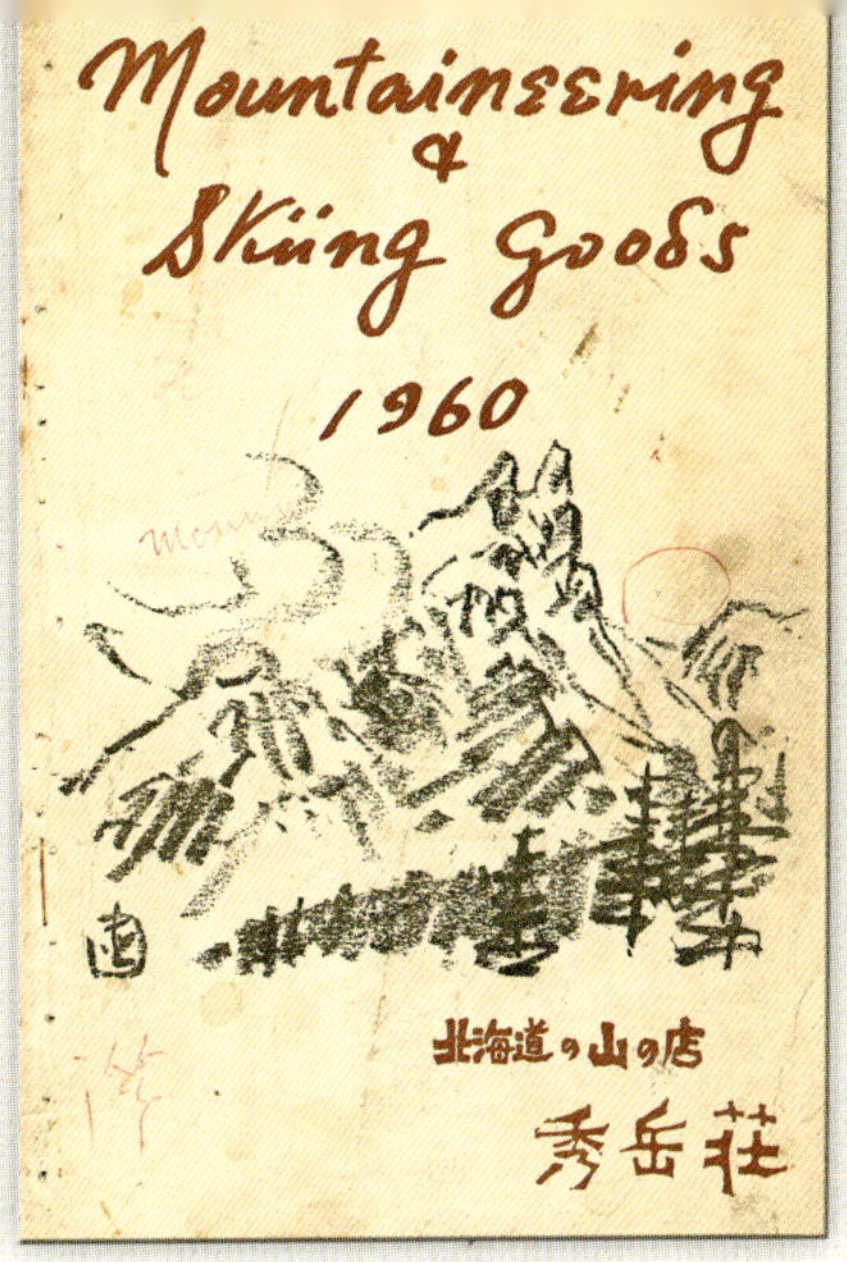

坂本直行が長年、図案を手がけた秀岳荘商品カタログの表紙

金井テント製作所から秀岳荘へと

社名変更した以降の商品カタログ

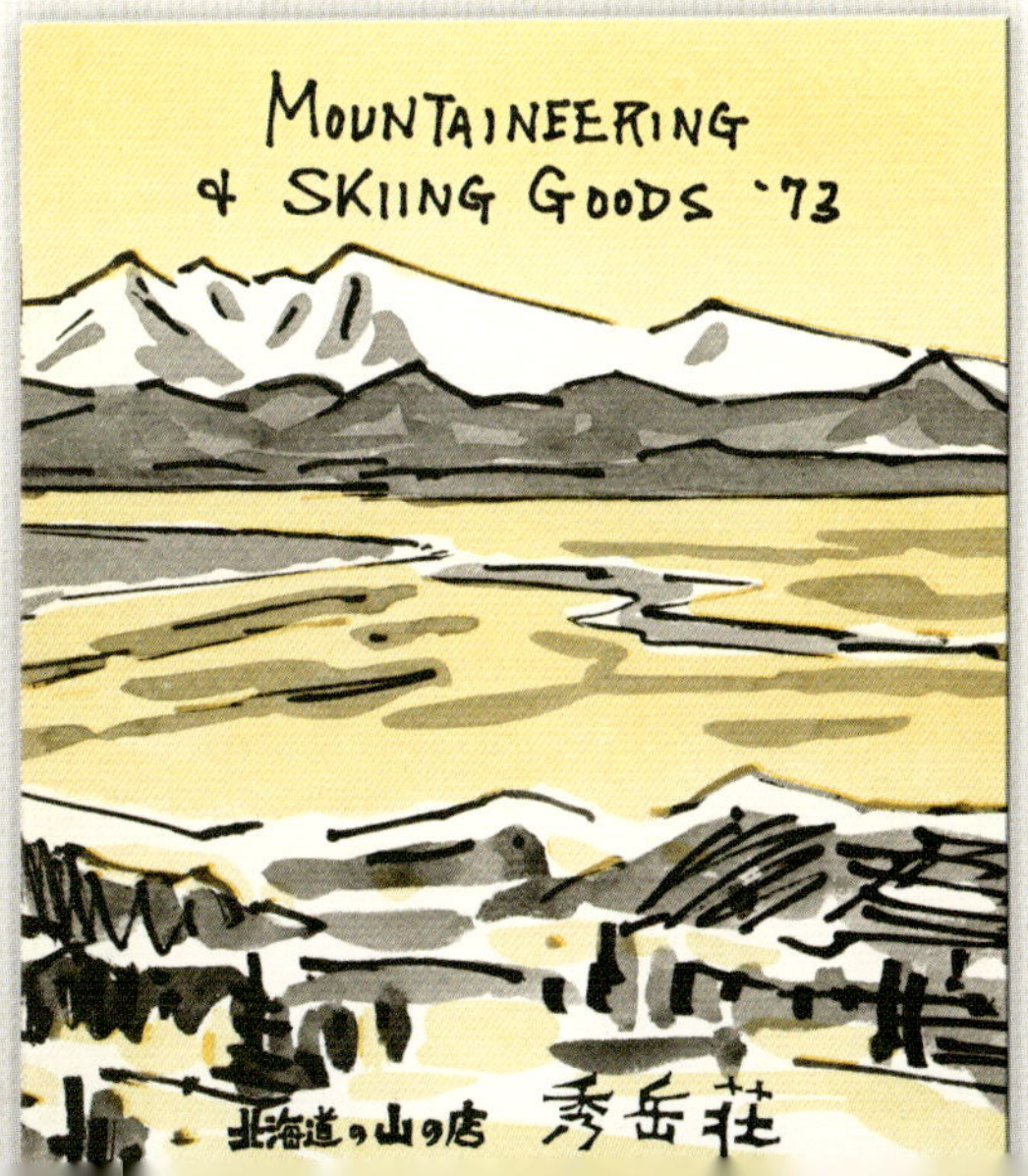

また59年（昭和34年）、帯広の製菓会社「帯広千秋庵」（現在の六花亭）創業者、小田豊四郎が、同様に原野の自宅を訪ね、子どもたちの詩心を育みたい―と月刊児童詩誌「サイロ」発刊（現在も同社の文化活動として継続）への表紙絵やカット絵の協力を依頼すると、意気に感じた直行は即座に「お引き受けしましょう。ただ1枚いくらというのなら私はお断りします。あくまで無料《タダ》です。もうひとつは、私は元気なうちはいつまでも描きますから、小田さん、あなたも途中で止めたらだめですよ」と釘を刺したという（小田豊四郎の自伝「一生青春一生勉強」から）。そのやり取り通り、直行は終生、表紙絵やカット絵を無償で提供し続け、1960年1月の創刊号〜82年の直行没後も生前作成分を使って、2010年1月の600号までの半世紀の間、直行の絵が誌面を飾った。六花亭もこの時の約束を守り、「サイロ」は無料配布が続く。この交流が縁となり、直行が日高山脈山麓で描いた花23種による花柄《はながら》包装紙は六花亭のシンボルとして今日まで大切に受け継がれている。同社は中札内村に「六花の森」を運営し、直行が描いた日高山脈や花の絵を数多く展示し、直行の功績を伝えている。六花亭と直行の関わりの深さゆえ、六花亭への直行の山の絵の寄贈が相次ぎ、2024年9月時点で、六花亭が所蔵する直行関連の作品（油彩、水彩など）は1370点に達している。

　また、この原野の中の一軒家は、直行の後輩である北大山岳部の学生、卒業生や知人らが日高山脈を登山したり、研究活動や旅行の際の拠点、中継地として長年開放され、一宿一飯など手厚いもてなしを受けた。約30年間に渡った「御宿帳」は4冊になり、計685人が訪れ、うち589人が宿泊し、感謝の思いを込めた文面が残されている。

坂本直行が描いた花をデザインした六花亭の包装紙原画の一つ。原画は7種あり、全部で計69種の花がデザインされている＝六花亭提供

広尾町下野塚の原野の坂本直行宅にあった「御宿帳」4冊＝現在は北大山岳館所蔵＝には、北大山岳部の後輩はじめ、多くの人が一宿一飯の感謝の弁を書き連ねている

六花亭のシンボルになった包装紙は
日高山脈山麓の野草の美しさを
全国に伝え続ける

土佐人の「いごっそう」に通じる志

　人を阻《はば》むかのような日高山脈の鋭い峰々と茫漠とした十勝原野に向き合い、山と農業、そして絵に情熱と時間を傾け続けた坂本直行。開拓農家時代には「農民同盟」を結成し、10年以上農民解放運動に携わり、農政に声を上げ続けた。また晩年には自然保護運動にも携わり、開発行政に相対したことでも知られる。困難を前にした時、義憤を感じた時の情熱や尊い志、反骨精神が、直行のすべてのエネルギーになっているように見える。

　直行は、土佐が生んだ幕末の志士・坂本龍馬の甥・坂本直寛《なおひろ》の孫にあたる。直寛は北海道開拓の志から空知管内浦臼町に移住した明治の自由民権運動家だった。しかし、直行自身はこうした自身の出自については、人前で決して語らなかったという。土佐人の「いごっそう」（気骨のある人）に通じるものを感ぜざるを得ない。

　六花亭が運営する「六花の森」（冬季間は閉鎖）には「坂本直行記念館」「直行デッサン館」「花柄包装紙館」などで直行の作品群が展示されているが、「直行絶筆館」には、体の不調を訴えながらも亡くなる直前まで手掛けていた未完の「原野の柏林と日高山脈」を掲げたキャンバスが展示されている。館内では、自らを鼓舞《こぶ》するため原野の自宅で毎晩のように聞いていたシューベルトの「冬の旅」が流され、絵の遠景に日高山脈の山並みを描いた直行の絶筆作の脇には、この山々への直行自身の思いを綴った一文が紹介されている。

《自然というものは　人間を簡単に殺しもするし　生かすこともある／また　暖かく抱いてくれるし　冷酷極まる圧力で迫ってくるが　要はそれをうけとめる　人間の考え方次第である／私はそれを　いつまでも失いたくないためにも　生きている限り日高の山脈を　描きつづけていきたい／もう何千枚描いたかわからないが　私にとっては　上手にかけることよりも　それを失いたくない気持ちの方が　はるかに大切だと思っている》

坂本龍馬

坂本直寛

直行絶筆館に展示された未完作「原野の柏林と日高山脈」。忠類丸山（幕別町忠類）から更別原野越しに見た中部日高の山並みが描かれており、この景観への思いがにじむ

遭難現場のコイカクシュサツナイ岳を描いた絵

日高山脈を描いた直行の油彩画初期作品に、特別な思いを込めた絵がある。描かれたのは、コイカクシュサツナイ岳からカムイエクウチカウシ山にかけての中部日高の白い主稜線だ。絵の裏面に貼り付けたベニヤ板に、直行直筆の言葉が添えられている。

「洋君の霊に捧《ささ》ぐ
山波は晴れたる
空にはるかなり
昭和十五年三月　直行」

1940年（昭和15年）1月5日、ペテガリ岳を目指した北大山岳部の後輩9人が稜線に上がる直前、コイカクシュサツナイ岳（当時の山名はコイボクサツナイ岳）直下の沢で雪崩に埋没し8人が遭難死するが、その中の1人、有馬洋を弔《とむら》い、遭難現場を遠景に入れた哀悼の極みの絵だ。有馬は当時山岳部6年目でパーティのリーダーだった。その3年前の1937年1～2月、直行と有馬は第1次冬季ペテガリ登山隊（11人）の一員としてペテガリ岳を目指したが、コイカクシュサツナイ岳には登るが、悪天のためペテガリ岳登頂には失敗する。

下山後、広尾町下野塚の直行宅で2日間泊まった有馬は、直行宅の「御宿帳」に「厳冬期のペテガリ登頂を志せるも天候激変のため退却の余儀なきに至った（中略）涙の出るほど残念でした」と記し、その3

1937年1～2月の北大山岳部の第1次冬季ペテガリ登山隊での坂本直行㊧と有馬洋＝コイカクシュサツナイ岳山頂で＝北大山の会提供

年後、捲《けん》土《ど》重《ちょう》来《らい》を期した山行を率いる立場だった。

直行は札幌に住んでいた旧制札幌二中（現札幌西高）時代、当時近所に住んでいた10歳年下の有馬洋を、札幌近郊の山に連れて歩くなど山登りの楽しさを教え、その影響もあって、有馬は北大進学後、直行の後を追うように山岳部に入った経緯があった。

遭難の一報を受けて、直行は下野塚の自宅から現場に急行。有馬を含む8人の掘り起こしに3日間全力をあげたが、生存救出に至らず、直行は後年、自伝『山と絵と百姓と』の中でこう振り返っている。

「僕はこの大きな悲劇の後、晴れわたった空に美しく連なる日高連峰を眺めることは、それが美しくあればあるだけ僕の胸はふさがって、その冬の期間中は仕事をしても張り合いがなく、暗い気持ちから解放されな

上：1940年1月、雪崩現場で掘り起こし作業を行う坂本直行＝北大山の会提供

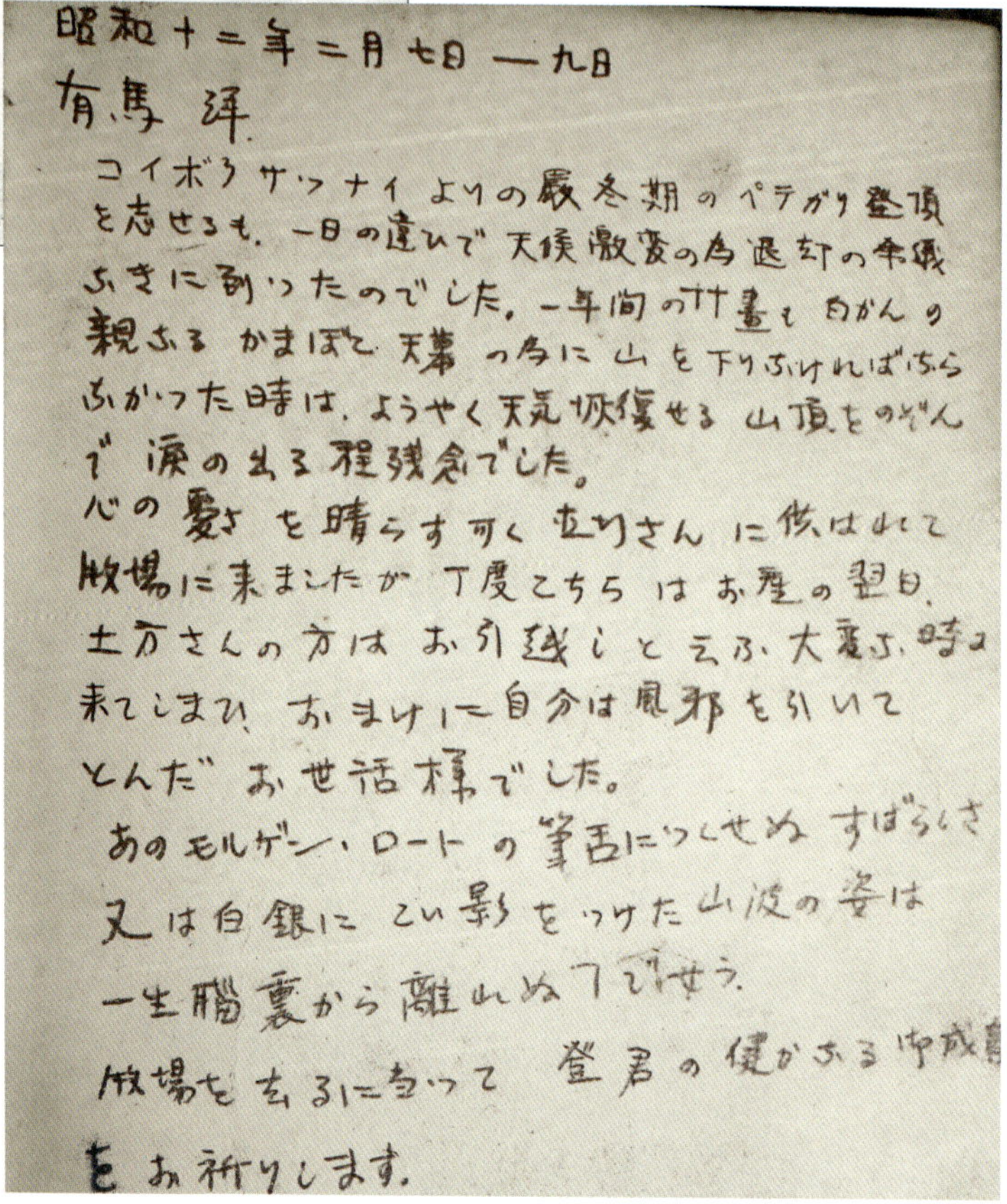

昭和十二年二月七日 ―九日
有馬洋
コイボクサツナイよりの厳冬期のペテガリ登頂を志せるも、一日の違ひで天候激変の為退却の余儀なきに到ったのでした。一年間の計畫も白かんの親ふるかまぼこ天幕の為に山を下りなければならなかった時は、ようやく天気恢復せる山頂をのぞんで涙の出る程残念でした。
心の憂さを晴らす可く直行さんに依はれて牧場に来ましたが丁度こちらはお産の翌日、土方さんの方はお引越しと云ふ大変な時に来てしまひ、おまけに自分は風邪を引いてとんだお世話様でした。
あのモルゲン・ロートの筆舌につくせぬすばらしさ又は白銀にこい影をつけた山波の姿は一生脳裏から離れぬ事でせう。
牧場を去るに当って　登君の健かなる御成長をお祈りします。

下：第1次冬季ペテガリ登山隊下山後、1937年2月、原野の中の一軒家・直行宅に2泊し、悔しい思いを綴っていた有馬洋の書き込み＝北大山岳館所蔵の坂本直行家「御宿帳」から

かった。北海道の登山史上最大のこの悲劇は、僕個人の登山生活の上にも忘れえぬ大きな悲しみを残した」

幼少期から直行を「ゆきちゃん」と呼んで慕い続け、「遥かなるペテガリ岳」を目指して、リーダーとして挑んだ後輩の霊に捧げた1枚の絵。絵からは、晴れ渡った空に、雪を被った日高の山なみが目に染み、直行の慟哭《どうこく》ぶりが伝わってくる。

この絵は、遭難があった1940年3月に描かれて有馬家に贈られたが、その後、六花亭に寄贈され、春～秋、六花亭の「六花の森」（中札内村）ドネーター館で展示されている

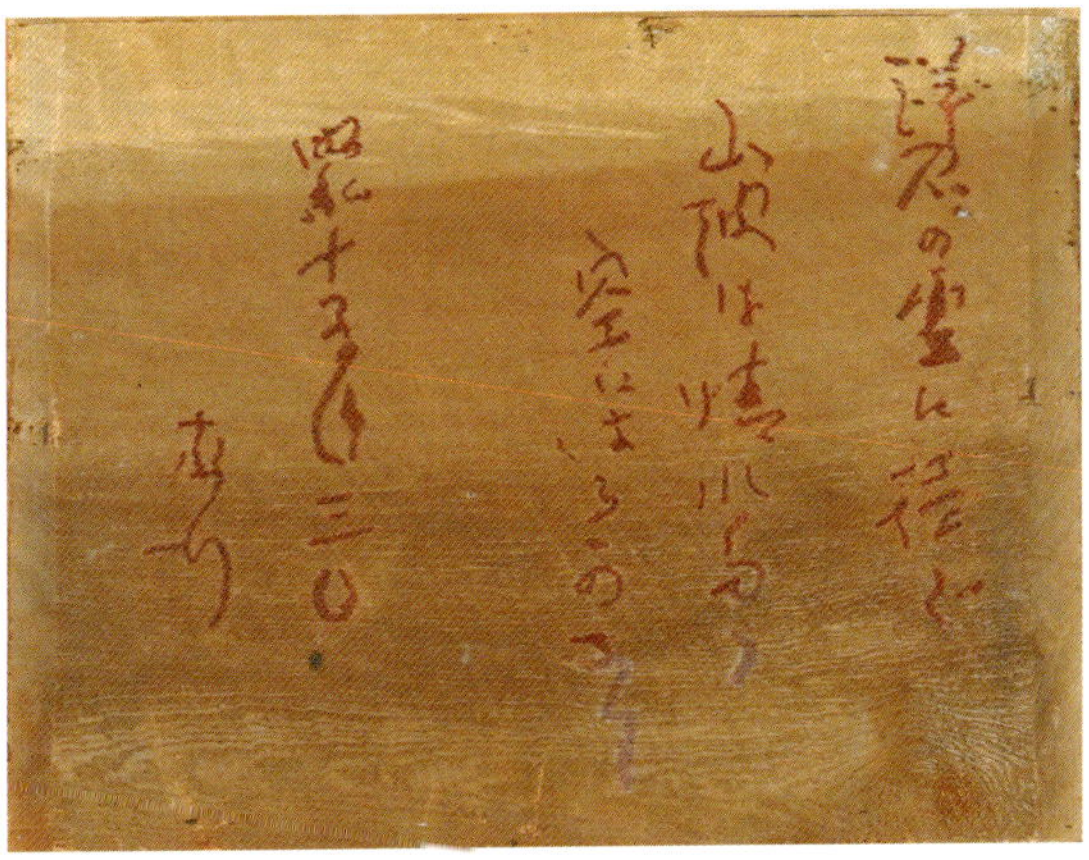

上：この絵の裏面のベニヤ版に、有馬洋に寄せた哀悼の言葉

下：有馬家に贈られた直行の絵＝現在六花の森所蔵。皇紀2600年（昭和15年＝1940年）を意味する「2600」の文字も添えられている

日高山脈南部の2つの山岳古道

黒川 伸一

南北に伸びる日高山脈は南に行くにしたがって徐々に標高を下げながら、襟裳岬から太平洋に沈み込んでいく。山脈南端の東側（現在の黄金道路部分）と西側（日高耶馬渓《ひだかやばけい》）の海岸線では海食崖による切り立った崖が連なり、海岸沿いの移動を阻《はば》んできた。移動を少しでも容易にするため、山脈南部を挟んで、東の十勝地方と西の日高地方を結ぶ重要な山岳古道として、1799年（寛政11年）、江戸幕府による北海道最初の官営道路（事実上の「国道」）が2つ誕生した。猿留山道（サルル山道）と様似山道（シャマニ山道）。

いわば、江戸時代の「幹線国道」として、日高山脈南端をかすめるように同時期に開削された古《いにしえ》の公道である。

猿留山道と様似山道の位置
国土地理院地図 Vector（2024年9月ダウンロード）を加工して作成

この2つの山岳古道は長い年月、住民や旅人らの交易や移動、生活道路として使われたが、特に昭和に入り、海岸線沿いの国道336号などの整備が進むとともに、他の道路に分断されるなどしてかつての山道部分が不明確になったり、国道の一部になったり、歩く人が徐々に減り、多くの部分が廃道化していったと考えられる。

1990年代以降、地元自治体や有志による調査・復元作業が本格化し、復元した。

その歴史的な意義が認められ、ともに2018年に国の史跡（指定区間は猿留山道が6・3キロ部分、様似山道が4・5キロ部分）に指定されている。

日高山脈襟裳十勝国立公園の一角で、江戸時代の名残を留める歴史を感じることができるフットパスコースとしても、貴重な存在と言える。

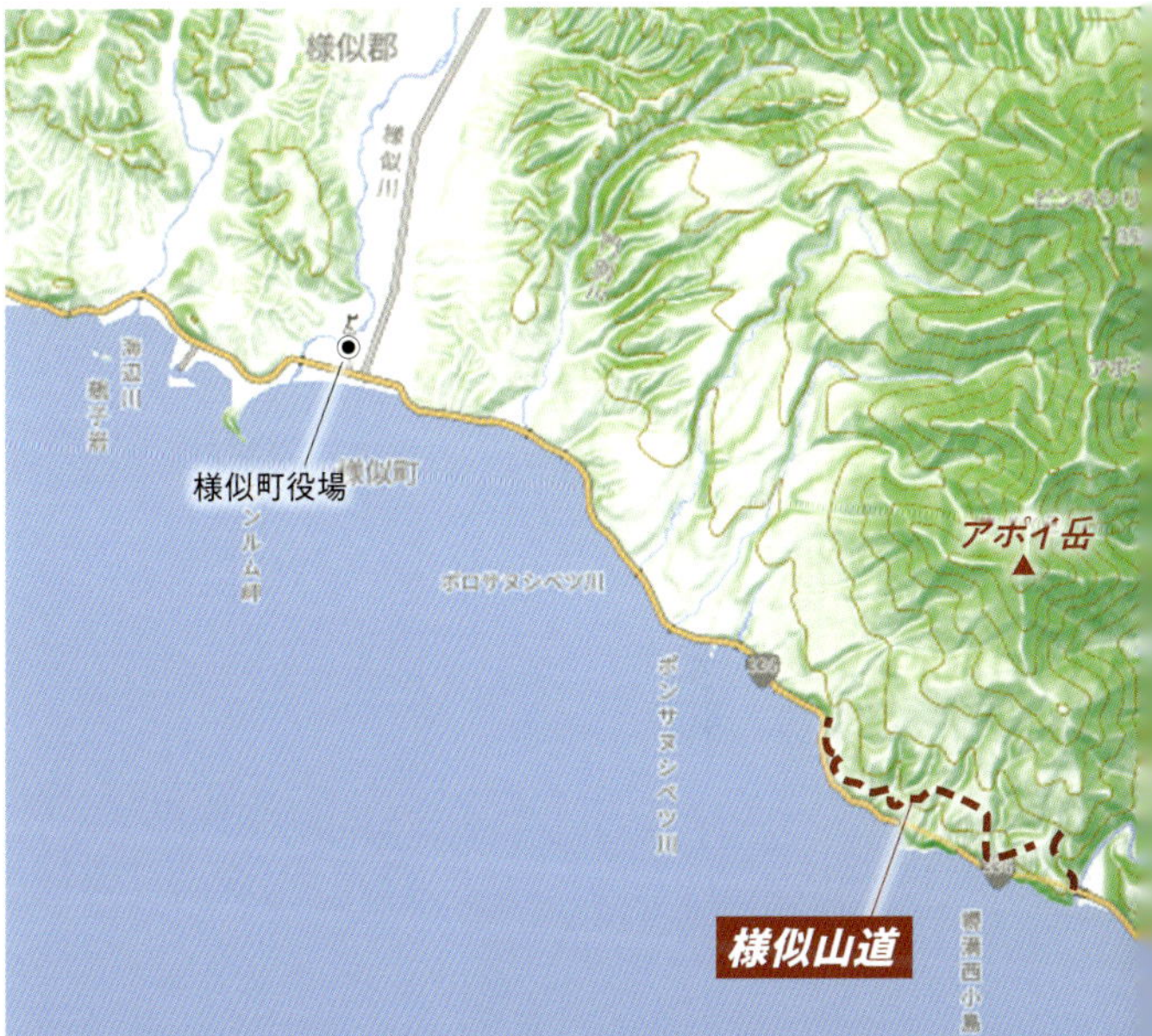

ロシア南下に対抗するため

北海道が蝦夷地と呼ばれていた江戸時代後期、日高山脈を含む北海道の南半分は「東蝦夷地」に区分され、松前藩が直接統治する道南の和人地とは区別されていた。アイヌ民族との交易現場である「商場《あきないば》」や「場所」が各地に配されて産物交換が行われ、最終的に各地の産物を道南の和人地に運ぶなどして、本州商人が介在する交易体制が構築されていった。

そのような中、18世紀後半になると、1778年（安永7年）にロシア船が根室半島のノツカマップに来航して松前藩に交易を求め、1792年（寛政4年）にはロシア使節ラクスマンが国交を求めて根室に来航するなど、ロシアが千島列島や樺太（現在のサハリン）経由で南下の動きが目立ち始めていた。

鎖国政策を取る江戸幕府は危機感を抱き、1798年（寛政10年）に調査団を派遣し、蝦夷地の巡検《じゅんけん》を行う。調査団に加わっていた幕臣で探検家、近藤重蔵らは、日高山脈南端部である日高地方の様似町・えりも町〜十勝地方の広尾町の海岸線では悪天時、人や物資の移動がままならなくなることから、ロシアに対抗する「北方警備」の上からも、海岸線に代わる陸路の整備が急務と考え、幕府も即応した。

結果として、幕府は1799年（寛政11年）、東蝦夷地を松前藩から取り上げて幕府の直轄地として直接統治し、各場所を「会所《かいしょ》」（現在のえりも町のホロイズミ＝幌泉＝会所、様似町のシャマニ＝様似＝会所など）と改めて行政統治を進めた上で、幕府の公金を使って、現在のえりも町側で猿留山道、様似町側で様似山道を開削するに至った。

武四郎の地図にも表記

両山道は、開削翌年（1800年）には伊能忠敬《いのうただたか》が測量調査で歩き、江戸末期には松浦武四郎も探検で通り、地名などを詳細に書き残した。その成果として、武四郎が1859年（安政6年）に作成した「東西蝦夷山《とうざいえぞさん》川地理取調図《せんちりとりしらべず》」では、両山道とも当時のルートが赤線で示されている。

ともに山道沿いには、小休所と呼ばれる人馬の休みどころが設けられていたことも絵図や記録でうかがい知ることができる。

明治時代に入ると、山道に沿って明治~昭和期の通信手段である電信線が敷かれ、電信線や電線を支え、電流を柱と絶縁する陶磁器製の碍子《がいし》の破片、電信柱跡などが確認でき、この2つの道が明治時代に入ってからも、地域インフラを維持する上でも重要な「道路」だったことを偲《しの》ばせている。

猿留山道は長いため林道などで分断されているが、残存部分を中心に復元。様似山道はほぼ全線が復元されている。

電信柱跡(後方)と碍子の破片＝様似山道沿いで(黒川伸一撮影)

「東西蝦夷山川地理取調図」に記された猿留山道（右上のサルルからシノマンシトマヘツを経てユリフルに至る赤線部分）。最下端が襟裳岬。様似山道も同様に赤線で記されている

猿留山道

えりも町は日高山脈南端に位置しており、特に広尾町境の海岸線で断崖が続き、標高の低い山々や丘陵部が襟裳岬まで連なる。猿留山道は山脈南部のこうした一帯で2つの峠（追分峠と沼見峠）を経由して、幌泉（現在のえりも町本町）から猿留（現在のえりも町目黒）までの29・5キロを開削してできた。このうち約6・3キロ（国の史跡区間）が開削当時の雰囲気を留めて、良好な状態で残っている。沿線には、モセウシナイ、アフツ、カルシコタンの3か所に小休所が設けられたが、正確な場所は不確かなところもある。

1856年（安政3年）～58年（安政5年）、幕府の命により、蝦夷地や樺太の地理調査を行った目賀田帯刀《めかたたてわき》（守蔭）が各地の沿岸を描いた絵図「北海道歴検図」には、日高山脈南端の山景色、アフツ小休所や襟裳

猿留山道全体が分かるアップ地図
国土地理院地図Vector（2024年9月ダウンロード）を加工して作成

岬、猿留山道上を馬に乗った
り、歩いて旅する武士や住民たちが描かれている。

1885年（明治18年）には、東入口があるワラビタイ川から、海岸沿いの庶野《しょや》に抜けるショートカットの道（新道）が開削され、その前年、電信線もこのルートに沿って敷かれ、のちに水準点もこの道沿いに置かれた経緯もある。1934年（昭和9年）に「黄金道路」（国道336号のえりも町―広尾町部分）が開通し、ショートカットルートも含めて、廃道化が進んだとみられる。1997年（平成9年）から町民有志の調査が始まり、2003年（平成15年）から復元ボランティア作業が行われ、山道が蘇《よみがえ》った。

山道は国道、えりも町道、林道などと交錯しており、北側にある東入口と南側にある西入口の間が江戸時代の雰囲気を感じやすい区間だ。

この区間の中ほど、山道上の

猿留山道・アフツ小休所側から襟裳岬、百人浜をのぞむ。目賀田帯刀が描いた絵図「北海道歴検図」＝北大図書館蔵＝日高州（下）から

現在のアフツ小休所跡から襟裳岬方向を見る（川辺マリ子撮影）

西入口から入山し、ガロウ川を越えて沼見峠に向かう（川辺マリ子撮影）

沼見峠にある「妙見菩薩」（左）と「馬頭歓世音菩薩」（右）（黒川伸一撮影）

最高標高地点である沼見峠（標高488メートル）からは、樹幹越しにアイヌ語地名「カムイトウ」（神の沼）の別名がある豊似湖《とよに》を見ることが出来、峠の名の由来に納得できるだろう。

この峠では、1859年（安政6年）に設置された「妙見菩《みょうけんぼ》薩《さつ》」、1861年（文久元年）に設置された「馬頭歓世音《ばとうかんぜおん》菩薩」が並んでおり、ともに幌泉場所（現在のえりも町）の場所請負人・福嶋屋嘉七《ふくしまやかしち》が旅人の旅の安全や地域の発展を祈願して建立したものとされる。峠から西側の観音岳《かんのん》（932メートル）までは踏み跡があり、標高690メートル地点の眺望のきく平坦地には、厄難消除《やくなんしょうじょ》や海上安全を祈願してか奥山半蔵坊大権現像《おくやまはんぞうぼうだいごんげん》の祠《ほこら》もある。この祠から観音岳山頂までは踏み跡はあるが歩く人が少なく、部分的にやぶ漕ぎになる。

沼見峠から山道を東入口側に少し下ったところから豊似湖畔につながる登山道も延びている。豊似湖駐車場から約200メートルで湖畔に出られ、湖畔（一周約1キロ）は約30分で一周できる。山道や沼見峠に短時間で上がるショートカットルートにもなる。

豊似湖は、ダム湖など人造湖が多い日高山脈の中では貴重な自然湖。その形状が馬の蹄《ひづめ》に似ていることから明治時代以降「馬蹄湖《ばてい》」の別名があったが、石屋製菓（本社・札幌）が同社の看板商品「白い恋人」のテレビCMのロケをここで行い、2013年（平成25年）以降オンエアされ、一躍有名になった。このCMをきっかけに、上空から見るとハート型に見える湖として全国に知られることになり、「恋人たちの聖地」として人気スポットとなった。その後、ヘリコプターによる上空からの観光遊覧が行われたこともある。

美しい襟裳岬や百人浜などの眺望を楽しみ、歴史を感じる古道と、ホットな人気スポット「豊似湖」が近接している特色あふれる一帯だ。

上：奥山半蔵坊大権現像の祠（右端）のある平坦地から観音岳（正面奥）を見る（黒川伸一撮影）
下：猿留山道から豊似湖に下る登山道の分岐点（黒川伸一撮影）

右：上空から見た豊似湖。
ハート型の形状が良く
わかる＝えりも町提供
下：猿留山道西側に位置す
る豊似湖畔を周回する
(黒川伸一撮影)

様似《さまに》山道

様似町では日高山脈南部の東側海岸で、波の浸食によってつくられた海食崖「日高耶馬渓」という断崖絶壁帯が約6キロ続く。海岸線沿いの通行が難しい区間が断続するため、日高耶馬渓を迂回《うかい》するため、冬島（様似町冬島）から幌満《ほろまん》（様似町幌満）までの約7・1キロが突貫工事で開削、開削4年後、当時東蝦夷地警備を担った南部藩の出願により改修工事が行われている。

1861年（文久元年）、箱館奉行勝田伊賀守《いがのかみ》に献上するため描かれたという絵図には、段丘が続く海岸線を迂回する山道ルートが描かれている。

山道の東入口起点・幌満の幌満川を挟んだ対岸に、「和助《わすけ》地蔵」と呼ばれる地蔵の祠《ほこら》が設置されている。江戸時代、南部藩から幌満に入り、昆布取りをしながら旅籠屋を営んでいた斉藤

様似山道全体がわかるアップ地図　国土地理院地図 Vector（2024年9月ダウンロード）を加工して作成

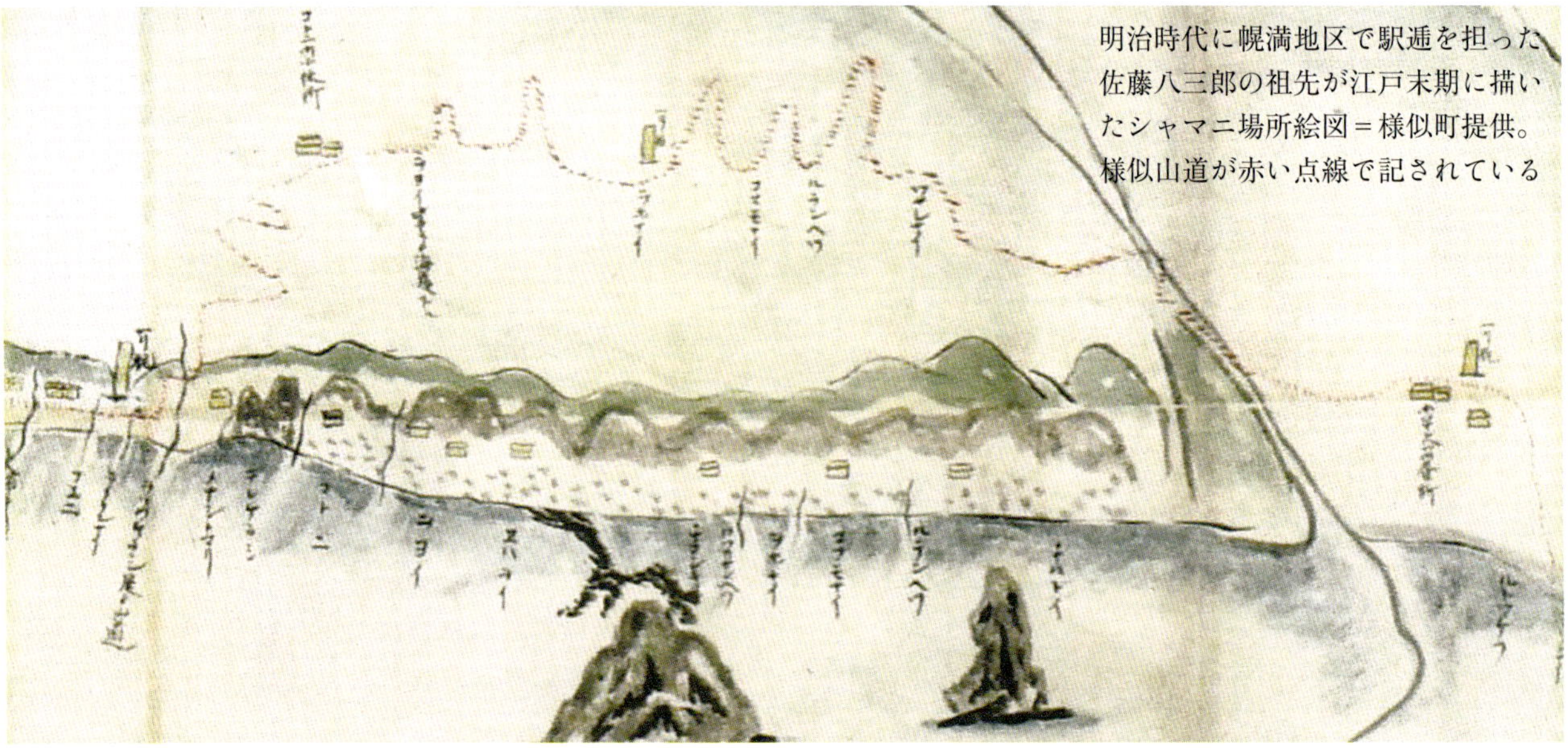

明治時代に幌満地区で駅逓を担った佐藤八三郎の祖先が江戸末期に描いたシャマニ場所絵図＝様似町提供。様似山道が赤い点線で記されている

和助を祀った地蔵尊だ。和助は様似山道開削にあたって地元住民として熱心に手伝い、旅人の利便を図り、地域の雑事にも協力し、その人柄と献身ぶりに、1862年（文久2年）の没後、様似場所請負人・近江屋藤重郎と幌泉場所請負人・福島屋善四郎たちがその遺徳を讃《たた》えて、和助地蔵尊を建立したとされる。毎年3月には地元住民らによって慰霊祭が今も行われている。

明治以降も橋の補修が行われるなど、改修が重ねられたことがうかがえる。全ルートのうち約4・5キロ（国の史跡区間）が良好な状態で残っている。途中にはコトニ小休所が設けられ、明治時代に入ってからは、徳島藩・淡路洲本の藩士、原田安太郎が縄文時代の「山中遺跡」跡で1873年（明治6年）から12年間営んでいた旅籠屋《はたご》「原田《はらだ》宿《じゅく》」もあり、現地の跡地に表示板が設置されている。

様似山道は、固有植物が多いアポイ岳の南側に位置してお

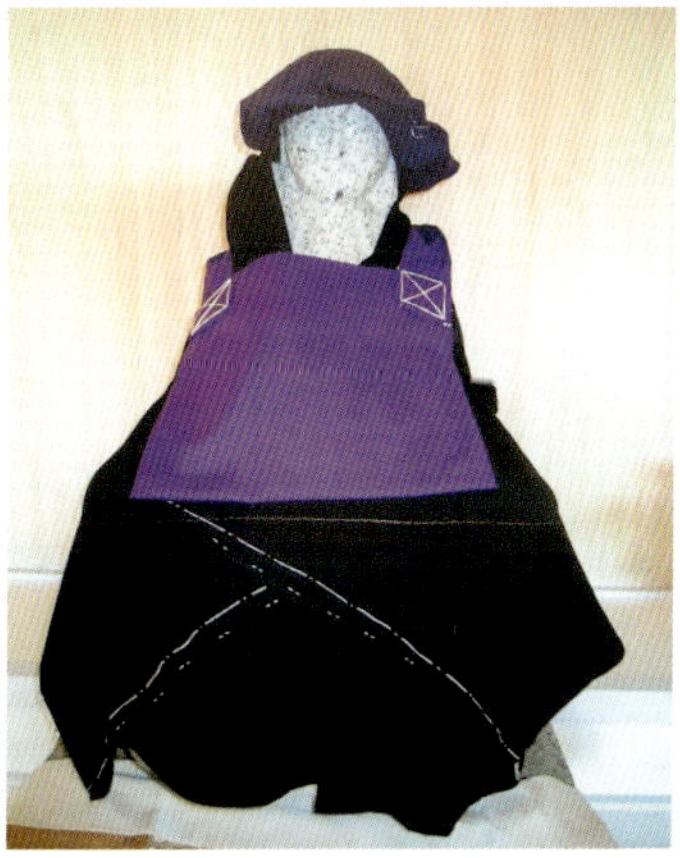

上：様似山道東入口の幌満川を挟んだ反対側に設置されている和助地蔵尊の祠（右端）（黒川伸一撮影）
左：祠の内部に鎮座している和助地蔵尊＝非公開のため表示板から

縄文時代「山中遺跡」でもある平坦地に、旅籠屋「原田宿」跡がある（黒川伸一撮影）

り、1884年（明治17年）、この山道を歩いた植物学者・宮部金吾がサマニカラマツなど希少植物を数多く発見したことでも知られる。この年に山道沿いに電信線が敷かれ、その保守のために山道が使われたが、1927年（昭和2年）に海岸線沿いに車道が開通したことにより、山道を歩く人が激減。その後も生活道路として使われた一部を除いて廃道化が進んだとみられる。1979年（昭和54年）に様似町郷土史研究会によって調査が始まり、1985年（昭和60年）に様似町の文化財に指定。2015年（平成27年）、原田宿などの発掘調査も行われ、山道の全貌が徐々に明らかになってきた。

江戸～明治時代の名残を随所に留めた様似山道。美しい広葉樹林帯を挟んでいくつもの小さな沢を越えるため小規模な起伏が続き、日高耶馬渓を見下ろす絶景ポイントもあり、変化に富んだ景観、植生を楽しむことができる。コトニ口からは国道336号に出ることができ、ショートカットルートして使える。松浦武四郎の記録にも残るコトニ小休所跡付近は現在、昆布干し場になっており、太平洋を一望できる見晴らしの良い一帯だ。

歩きやすさから、東入口（幌満橋脇）側から入山し、西入口（冬島漁港近く）側に下山するのが推奨されており、全行程歩いて2～3時間。

帰りは国道336号を徒歩で東入口まで戻れば、国道沿いで、東冬島トンネル脇の断層、琴似覆道脇の変はんれい岩、ルランベツ覆道脇の褶《しゅう》曲《きょく》など、アポイ岳南側の特異な地形を観察できる。

上：様似山道からは日高耶馬渓展望地まで道も付けられている（黒川伸一撮影）
中：コトニ小休所跡。一帯は昆布干し場が広がり、太平洋が眼前に広がる（黒川伸一撮影）
下：西入口は、沢沿いに砂防ダム脇を下降した国道脇にある（黒川伸一撮影）

CHAPTER 6

日高山脈の主役と脇役

主な山のプロフィル

日高山脈の主役と意外に知られていない山

——CHAPTER 6の文・写真　黒川　伸一

＊提供写真についてはキャプションに撮影者名を付しました。
＊2024年12月段階の情報を基に編集・掲載しています。

■日本百名山

1

幌尻岳

2052m

日高山脈唯一の2千メートル峰で、最高峰。山脈主稜から外れた支尾根上にあるが、深田久弥の「日本百名山」でもある。1925年夏、北大山岳部の伊藤秀五郎らが美生川からピパイロ岳、1967峰、戸蔦別岳を経て幌尻岳に達しており、登山としては、これが無雪期の初登頂と考えられる。ポロシリはアイヌ語で「大きい山」の意で、道内にもいくつかあり、日高山脈にも十勝平野に近い「十勝幌尻岳」があり、区別するため「日高幌尻岳」と呼ぶ人もいる。

アイヌ文化に由来する景勝地として、国（文化庁）は、日高山脈の幌尻岳と十勝幌尻岳の2山を文化財「名勝ピリカノカ」として指定している。額平川コース（幌尻山荘経由）、新冠側コース（新冠ポロシリ山荘経由）、千呂露川コース（ヌカビラ岳、北戸蔦別岳、戸蔦別岳経由）の3ルートがある。

東カール越しにどっしりとした幌尻岳＝十勝幌尻岳山頂から

幌尻岳山頂。シーズンになれば3方向からの登山者で賑わう

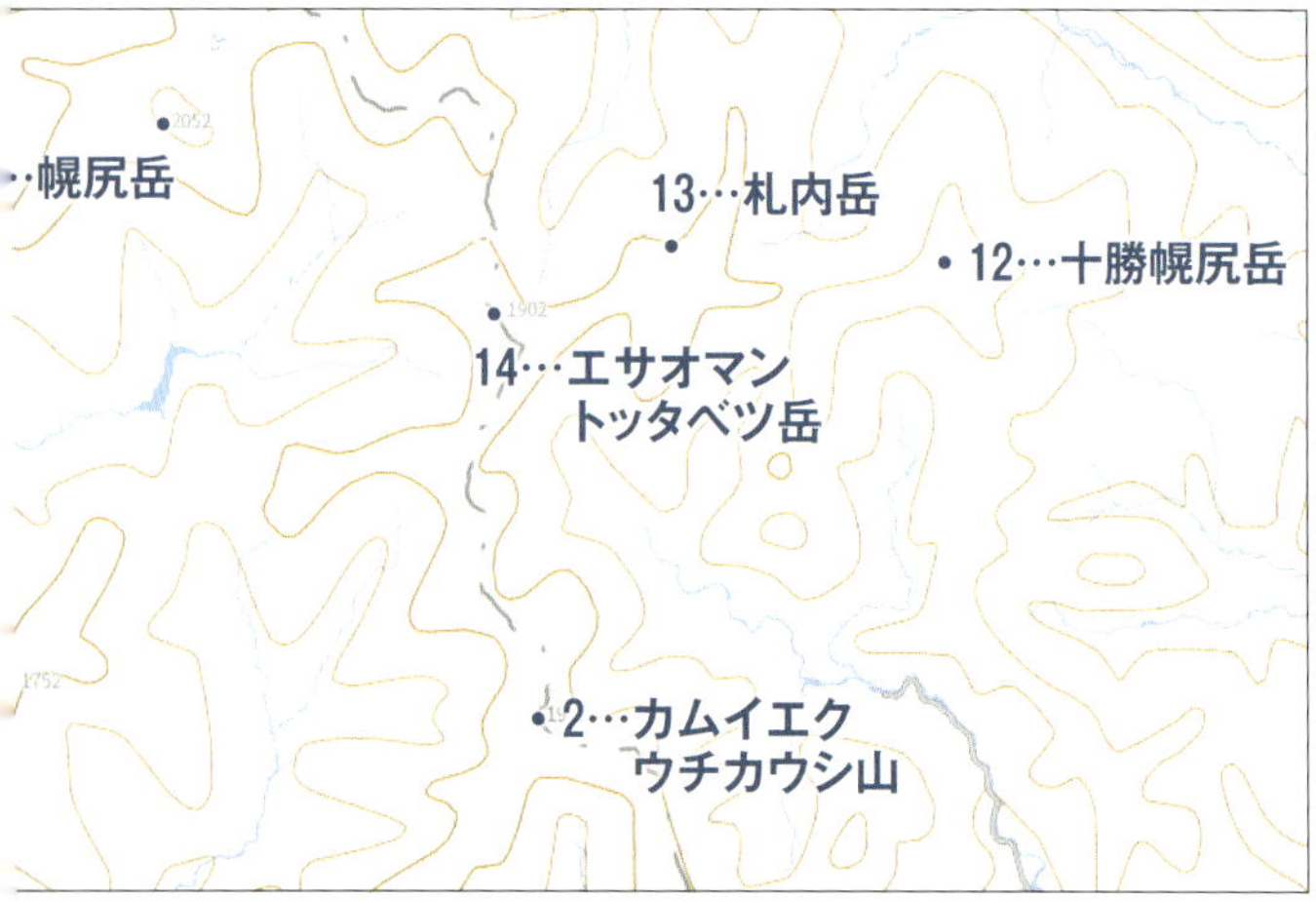

国土地理院地図Vector（2025年1月ダウンロード）を加工して作成

■日本二百名山

2

カムイエクウチカウシ山

1979m

日高山脈第2峰で、十勝側に八ノ沢カール、日高側にコイボクカールを抱えている。三角点の選点は1900年7月に陸地測量部によって行われたが、登山者では1928年7月に慶応大山岳部の斎藤長寿郎らが無雪期初登頂、1日違いで北大山岳部の相川修らが第2登。この山は当時、陸地測量部の点の記の名称は「札内岳」になっていたが、北大山岳部では「1979・4米の峰」と呼称していた。

しかしこの二つの山行の後に、伊藤秀五郎らと案内人水本文太郎のやり取りを通じて、カムイエクウチカウシ山という山名が定着したが、この山名をめぐっては疑義を呈する声が上がった経緯もある。札内川沿いの道道静内中札内線「幌尻ゲート」が登山の起点となっている。

カムイエクウチカウシ山山頂

カムイエクウチカウシ山北東斜面は鋭く切れ落ちる＝十勝幌尻岳山頂から

■日本二百名山

3 1736m

ペテガリ岳

諸説あるが、山の西側の地形にちなんだ「回遊する川」「川の曲流」などを意味するアイヌ語「ペッ・エ・カリ」を語源にした沢名に由来するとみられる。山頂に置かれた三角点名は

ペテガリ岳山頂。山頂標柱の表記は地形図表記と異なり「ペテカリ岳」だ

「辺天狩岳」。国土地理院地図では「ペテガリ岳」と濁るが、地元では「ペテカリ岳」としており、山頂標柱などもその表記だ。アイヌ語ではkとgの音の区別がないので併存している。

南斜面のすそ野を広がるペテガリ岳

無雪期では1932年8月、慶応大山岳部の斎藤貞一らがヤオロマップ岳―ルベツネ山を経由してこの山頂を踏んでいる。道道静内中札内線―東の沢林道経由では一般車両は入れず、元浦川林道からニシュオマナイ川から尾根を越えてベッピリガイ沢経由で入山するルートが定番ルート。十勝側からの東尾根ルートは廃道化している。

■日本三百名山

4
1600m

神威岳

　アイヌ語で「神」を意味する「カムイ」を冠した山は道内各地にあり、日高山脈でも北部の主稜線上、戸蔦別岳近くに同じ山名の神威岳（1756メートル）があるが、標高の低い南部のこちらの山の方が有名だ。山頂の三角点の点名は「神威奴振（かむいぬぷり）」。山脈主稜線がこの山のところでほぼ直角に曲がる。ソエマツ岳、ピリカヌプリとともに「南日高三山」に数えられているが、登山道があるのは神威岳だけだ。

　登山道も沢遡行ややぶ漕ぎもあり決して易しい山でない。1930年7月、北大山岳部の相川修らが十勝側の中ノ川から登頂している。元浦川支流ニシュオマナイ川沿いに神威山荘を起点にした登山道がある。

神威岳山頂

ソエマツ岳山頂から見た神威岳

国土地理院地図 Vector（2025年1月ダウンロード）を加工して作成

■そのほかの山

5 1967峰
1967m

日高山脈第3峰。地形図上では無名峰だが、山脈主稜上にありながら、両側の鞍部の標高が高いため山としての認知が遅れ、山の命名から漏れた。かつては標高の記載がなく「1940メートル峰」と呼ばれていたが、標高がはっきりして山脈第3峰とわかったのも1976年10月発行の1／2・5万地形図以降のことだ。北戸蔦別岳側からと伏美岳側から、稜線沿いに登山道があるが、ともに部分的にハイマツなどが煩い。

1967 峰山頂（高尾美緒撮影）

岩場が断続した尾根が連なる 1967 峰（高尾美緒撮影）

6 ピパイロ岳
1917m

美生《びせい》川（もともとの呼称はピパイロ川）源流の山で、山脈主稜から東にややずれて位置する。「美生」は、アイヌ語で「沼貝が多い」を意味する「ピパイロ」の当て字で、ピパイロ川の源流の山としてこの名が付いている。1925年7月、伊藤秀五郎らが美生川を遡行して登った際、当初の地図記載の「戸蔦別岳」をこの山名に修正した。

芽室山の会が伏美岳登山口～伏美岳の登山道開削後、さらに7年かけて1984年に伏美岳～ピパイロ岳の9キロの登山道が開削（伏美岳登山道と合わせると作業年数は22年）され、北戸蔦別岳からの登山道とつながった。ただ近年は伏美岳～ピパイロ岳区間は部分的にササなどの繁茂が目立つ。

ピパイロ岳の戸蔦別川側斜面＝十勝幌尻岳山頂から

ピパイロ岳山頂（高尾美緒撮影）

国土地理院地図（2025年1月ダウンロード）を加工して作成

上：三角錐のきれいな山容の戸蔦別岳。北戸蔦別岳からの縦走路越しに

左：戸蔦別岳山頂

7 戸蔦別岳 1959m

山脈主稜上にある帯広市、新冠町、平取町の３市町の境界で、南に派生した尾根上に幌尻岳がある。戸蔦別川源流の山で、北東斜面に戸蔦別カールと南斜面に七ツ沼カールを抱えて、鋭角的な三角錐状の山容は目を引く。山頂からは七ツ沼カールの湖沼群がきれいに俯瞰できる。アイヌ語で「函のある川」を意味する「トッタベッ」に由来。幌尻岳とセットで登りやすい位置にあり、幌尻山荘からは両ピークを周回できる。

8 北戸蔦別岳 1912m

山脈主稜上、戸蔦別岳の北方に位置している。千呂露川二岐《ふたまた》沢からヌカビラ岳（１８０８メートル）経由で登山道が通じている。戸蔦別岳・幌尻岳方面に行く登山道、１９６７峰やピパイロ岳方面に行く登山道の分岐にもなっている。3方向に登山道が続いており、過去にこの分岐で視界不良時に、方向を間違えた事例が目立っているので注意が必要だ。

右：ヌカビラ岳からの縦走路から見た北戸蔦別岳。だらだらした尾根が続く

左：北戸蔦別岳山頂

9 伏美岳 1792m

芽室山の会が１９６２年から美生川支流ニタナイ川からピパイロ岳を目指した登山道作りが始まり、15年後の１９７７年にたどり着いた無名峰に山麓の伏美地区の名を冠し、地形図でも採用された。山頂の展望は素晴らしい。

芽室町が登山口の手前３００メートル地点に避難小屋を建て、山の会が登山道と小屋の維持管理に当たってきた。しかしアプローチのトムラウシ沢林道は２０１６年８月の大雨で路体流出し、林道入り口ゲート～登山口の７・４キロは車両通行止めが続く。山頂までの登山道は問題なく、山の会が整備を続けている。

左：伏美岳山頂
下：ピパイロ岳から見た伏美岳（高尾美緒撮影）

10 芽室岳 1754m

芽室川源流の山。泉池より来る川を意味するアイヌ語「メム・オロ・ペッ」に由来し、「芽室」の当て字が付いた。双耳峰の東峰で、西峰＝パンケヌーシ岳（１７４６メートル）と対をなす。十勝平野に近いため日高山脈の登山史では最初に開拓された山で、無雪期は１９２３年７月に北大スキー部の松川五郎らが芽室川から登頂した。芽室川側に登山口があり、山小屋（山小屋芽室岳）があったが、２０１６年８月の連続台風がきっかけで取り壊された。

右：芽室岳山頂
下：双耳峰の片割れ・パンケヌーシ岳斜面から見た芽室岳

11 チロロ岳

1880m

山名をめぐっては諸説あるがアイヌ語のチロロ（鳥・ところ）、キロロ（爽快）などを語源にした千呂露川源流の山。山脈では最北の1800メートル峰。無雪期では1934年8月、北大山岳部の中野征紀らがパンケヌーシ川から登頂している。西峰はかんらん岩が露出し、お花畑が広がる。西峰（1884メートル）との双耳峰。パンケヌーシ林道のパンケヌーシ川支流曲《まが》り沢沿いの北電保守用道路、取水ダム脇から登山道が続いている。

チロロ岳山頂

緩やかな斜面が続くチロロ岳の山頂稜線

12 十勝幌尻岳

1846m

帯広市から中札内村にかけての十勝平野から最前面に見える大きな山であり、アイヌ語で「大きな山」を意味するポロシリの命名に納得するだろう。山脈最高峰の幌尻岳（2052メートル）と区別するため、「十勝」が冠せられ、「勝ホロ」「カチポロ」の略称でも呼ばれる。無雪期では1930年7月、北大山岳部の徳永正雄らがオピリネップ川から登頂した。戸蔦別川支流オピリネップ川から登山道が開削されている。

上：中札内村から見た十勝幌尻岳
左：十勝幌尻岳山頂

13 札内岳 1895m

アイヌ語で「乾いた川」を意味するサツナイに由来する札内川源流の山。山脈主稜から東に派生する尾根上にある。無雪期では１９２７年７月、北大山岳部の井田清らがピリカペタヌ沢から登頂し、伊藤秀五郎の記述によると、ピリカペタヌ岳と呼称しようとしたこともあったようだ。登山道はなく、ピリカペタヌ沢、山スキー沢、札内川などの沢を遡行するしかない。主稜から札内岳への分岐点１８６９メートル峰は札内ジャンクションピーク（札内ＪＰ）と呼ばれる。

上：十勝幌尻岳山頂から札内岳東面を見る
左：札内岳山頂（松下祐樹撮影）

14 エサオマントッタベツ岳 1902m

戸蔦別川支流エサオマントッタベツ川源流の山脈主稜上の山。規模は小さいが、北東面と北面に美しいカールを抱えていて、鋭角的な山容は目立つ。山名に冠した「エサオマン」の語源については諸説があり判然としない。無雪期では１９２７年７月、北大山岳部の井田清らがピリカペタヌ沢から札内岳経由で登頂している。登山道はなくエサオマントッタベツ川などの沢を遡行するしか登路はない。

右：美しい北東カール越しにエサオマントッタベツ岳は映える
下：エサオマントッタベツ岳山頂

15

イドンナップ岳

1752m

アイヌ語で蟻を意味するイドンナップ川源流の山で、主稜上エサオマントッタベツ岳南の分岐から西に延びる尾根上に位置する。1928年7月、慶応大山岳部の斎藤長寿郎らがシュンベツ川支流ポンイドンナップ川から登頂している。新冠湖に注ぐサツナイ川沿いに登山道が1993年に開削され、新冠富士（1667メートル）経由で山頂を往復できるが、稜線部はハイマツ漕ぎを強いられ、長丁場になるためビバークの備えも必要だ。

右：ハイマツをこぎながらイドンナップ岳山頂を目指す
下：イドンナップ岳山頂

16

1839峰

1842m

主稜上のヤオロマップ岳1996年発行の地形図以降「1839峰」の山名と標高1842メートルが記載された、当初の5万分の1地形図の標高「1839メートル」峰と呼ばれ、岳人の間では「イッパサンキュウ峰」「ザンク」などの呼称でも呼ばれる。無雪期では1929年7月、慶応大山岳部の斎藤長寿郎らがコイカクシュサツナイ川から登頂。コイカクシュサツナイ岳、ヤオロマップ岳を経由してのアタックとなるが、ハイマツ漕ぎの覚悟を。

上：ヤオロマップ岳からの支稜から見た1839峰（高尾美緒撮影）
右：1839峰山頂（高尾美緒撮影）

17 楽古岳 1471m

楽古川水系源流の山。山名由来は、アイヌ語で「火を消した川」という説、海獣のラッコ漂着説もある。三角錐型の鋭鋒で、十勝側からの山容は坂本直行の絵に数多く描かれた。主稜の山としては、日高側（メナシュンベツ川沿い）と十勝側（札楽古川沿い）の両サイドから登山道がある貴重な山だが、十勝側のアプローチとなる札楽古林道は大雨被害による路体流出で、登山口手前2・5㌔から車両は通行できない状態が続く。

楽古岳山頂

広尾町下野塚の坂本直行入植地から見た楽古岳

18 ペケレベツ岳 1532m

国道274号の日勝峠脇にある山で、国道の十勝側を走ると視界に入ってくる。登山口が標高800㍍余であり、登山道のある山脈主稜上の山としては最も登りやすい代表格だ。アイヌ語で「明るく清らかな川」を意味するという「ペケレペッ」を意訳した「清水」が地元・清水町の町名となっており、町のシンボルの山と言って良いだろう。国道沿いにある北海道開発局の除雪ステーション横に登山口と駐車場がある。

上：清水町の国道274号から見たペケレベツ岳㊨
左：ペケレベツ岳山頂

19

剣山《つるぎやま》

1205m

「エエチエンヌプリ」の誤読が流布しているが、「エエネエンヌプリ」（尖って突き出た山の意）が正しいアイヌ語名で、頂上部は花崗岩の岩峰となっている。山麓に住む四国出身の入植者もあり、徳島の霊峰剣山に似ていたため1917年にこの山名が付けられ、2年後に徳島・剣山神社から分霊、山麓に剣山神社が創建された。同神社脇に登山口があり、登山道沿いに観音像が並び、山頂には鉄剣が打ち込まれている。

上：登山道脇から見た剣山山頂の岩峰
左：剣山山頂

20

中ノ岳

1519m

大樹町尾田で三俣になる歴舟川の真ん中の中ノ川（現地形図では歴舟中の川）源流の山。「道が分かれる所」を意味するルートルオマップがこの川のアイヌ語名で、ルートルオマップ山の別名がある。登山道はなく、日高側の神威山荘からニシュオマナイ沢を遡行して稜線に上がるのが現実的なルートだろう。十勝側の中ノ川ルートは沢登りの中でも難易度が高くなる。稜線上は藪は少なく、獣道もあり、歩きやすい。

上：主稜線から見た中ノ岳（右）。風雪の影響か稜線上はブッシュはあまりない
左：中ノ岳山頂

21 1411m 久山《きゅうさん》岳

芽室岳から東に派生する支尾根上に位置しており、久山川源頭の山。山名はアイヌ語のキウ・サ・ウン（オオウバユリの鱗茎・手前に・ある）に由来している。剣山神社からも程近いが、案内表示もなく、登山口までの林道がわかりにくい。山麓の宗教法人によって登山道が整備されてきた経緯があるが、近年は整備されておらず、下部の登山道は藪に覆われていて、迷いやすく、ピンクテープ頼りになる。

右：久山岳山頂
下：山頂に直登する沢越しに見た久山岳

22 1721m コイカクシュサツナイ岳

中部日高の玄関口になる山。コイカクシュサツナイ沢の源頭にあるので、この名になっている。しかし北大山岳部ではこの山直下で起きた雪崩遭難（1940年1月）ごろまでは沢名をコイボクサツナイ川、山名をコイボク札内岳と呼んでいた。遭難後、部内で異論がでたことを契機にコイカクシュサツナイ川とコイカクシュサツナイ岳に変更され、現在の名称が定着した。道道静内中札内線のコイカクシュサツナイ沿いに入ったところが起点となる。沢を遡行し、上二股から夏尾根を使って稜線へ。山頂近くに前述した遭難の慰霊碑がある。

上：夏尾根の頭からコイカクシュサツナイ岳まではあまり標高差がない（高尾美緒撮影）
右：コイカクシュサツナイ岳山頂（高尾美緒撮影）

23 ヤオロマップ岳 1794m

歴舟川本流上流部のヤオロマップ川源流に伴う山名だが、アイヌ語の原名が転訛しているのか、スッキリとした解釈がしにくい印象を受ける。無雪期では慶応大山岳部の斎藤長寿郎らが1929年7月に登頂している。コイカクシュサツナイ岳から支稜の1839峰に行くか、主稜をそのまま南下しルベツネ山（1727メートル）やペテガリ岳に行く際の通過点になる。コイカクシュサツナイ岳～ヤオロマップ岳の稜線上には幕営可能な場所が4～5か所ある。

上：岩まじりの尾根が続くヤオロマップ岳の稜線（高尾美緒撮影）

左：ヤオロマップ岳山頂

24 アポイ岳＆ピンネシリ 810m・958m

「アポイ」はアイヌ語の「アペ・オ・イ（火のあるところ）」が語源とされる。山頂でシカがとれることを祈って火を焚いて儀式を行った伝説に基づく。

元々はアポイ岳はアポイマチネシリ（女山）、尾根北端のピンネシリはアポイピンネシリ（男山）と呼ばれ、夫婦の山とされた。林道様似大泉線の新富越にピンネシリ登山口（437メートル）があり、尾根上の吉田岳（825メートル）含めて3つのピークを縦走するのもおススメだ。

右上：ピンネシリからの縦走路から見たアポイ岳

右下：ピンネシリ（真ん中のピーク）

上：2024年夏、ピンネシリ山頂に設置された山頂標識（田村裕之撮影）

25 リビラ山 1291m

主稜線から外れた西側山塊で、登山道がある貴重な千メートル峰。厚別川水系の里平《りびら》川源流であり、沙流川水系のリビラ沢源流の山。「リビラ」「リピラ」はアイヌ語で「高いガケ」を意味しており、リビラ大滝周辺など、流域の崖地帯に因んだ命名なのか。2002年に地元有志らが里平川沿いから山頂まで登山道を開いたが大雨被害で廃道化、2009年にヌモトル林道から樺司《かばし》山（1112メートル）経由で新たな登山道が開かれたが、藪化が目立ってきた。

登山道から見たリビラ山山頂部。ササが繁茂して登山道はわかりにくくなっている

リビラ山山頂

26 ペンケヌーシ岳 1750m

アイヌ語で「ペンケ＝上流、ヌーシ＝豊漁」が語源になっており、かつて川いっぱいに魚が泳いでいた豊かな川を水源にした山。日高山脈唯一のコマクサの自生地だが、パンケヌーシ川水系沿いの林道が随所で崩壊し、遠い山になってしまった。

上：山頂からの光景

下：たおやかな山容のペンケヌーシ岳

27 ポンヤオロマップ岳 1405m

ペテガリ岳から東に延びる長い尾根上のピーク。山頂には三等三角点「奔遺岳」が設置されている。歴舟川支流のポンヤオロマップ川の源流の山である。ポンヤオロマップはアイヌ語で「小さな・陸・の中・に入る・もの」に由来している。かつてはペテガリ岳に通じる登山道の通過点の山だったが、この山からペテガリ岳までは廃道状態となっている。

右：ポンヤオロマップ岳山頂の標識（鈴木貞信撮影）

下：ペテガリ岳東尾根上のポンヤオロマップ岳山頂（鈴木貞信撮影）

28 野塚岳 1353m

右：ニオベツ川から遡行後に稜線から見た野塚岳（右）、左は野塚西峰
下：積雪期の野塚岳

1997年に国道236号（天馬街道）が全線開通し、野塚トンネル脇から無雪期（ニオベツ川やポン三の沢遡行）も積雪期も登山者が増えた山。登山道はない。アイヌ語で原野を流れる川を意味するヌプカペッが原名で、本峰と西峰（1331メートル）の双耳峰《そうじほう》だ。

南日高ではなぜか双耳峰が目立つが、その代表格の一つだろう。

29 オムシャヌプリ 1379m

右：積雪期のオムシャヌプリ。右がオムシャヌプリ本峰、左が東峰
下：沢を使って稜線に上がりオムシャヌプリを目指す。向かって右がオムシャヌプリ本峰、左が東峰

国道236号の開通で、身近になった山。国土地理院地形図では「双子山」の山名も併記されており、東峰（1363メートル）との双耳峰だ。登山道はない。天馬街道沿いの「翠明橋公園」駐車場を起点に沢遡行などで登る人が多い。

野塚岳からこの山への稜線に登山道はないが、稜線上は夏でも比較的歩きやすい。

30 トヨニ岳 1493m

襟裳岬近くの豊似《とよに》岳と区別するためカタカナ表記になっている。国道236号開通以降、野塚トンネル脇駐車帯を起点に積雪期登山で入山する登山者が目立つ。登山道はない。積雪期に稜線上はナイフリッジになる場所があり、万全の装備と冬山スキルが欠かせない。

積雪期のトヨニ岳を目指して

31 ピリカヌプリ 1631m

トヨニ岳から北西方向に連なる主稜線の先にあり、アイヌ語で「美しい山」。北大山岳部の高橋喜久司らが1928年8月にヌビ（ピ）ナイ川から登った。登山道はなく沢の難易度は高い。積雪期に稜線テント泊で野塚トンネル脇から往復するのが一般的だ。

ソエマツ岳山頂からピリカヌプリを見る

32 ソエマツ岳 1625m

アイヌ語で「滝がそこにある川」を意味するソエマプから転じたとされる。1928年8月に北大山岳部の高橋喜久司らがピリカヌプリ登頂後、稜線伝いに登頂した。登山道はない。険悪な地形に囲まれ、無雪期も積雪期も山中泊に加え、難易度が高い。

ソエマツ岳＝神威岳山頂から

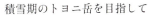

■国立公園の指定エリアから外れた山

33 オダッシュ山
1098m

アイヌ語で「川尻に樺の木が多い所」などを語源にしたと考えられるこの山は新得市街地の西方にそびえる。道東自動車道の脇からも良く見え、十勝平野の展望台のような山。市街地にも近く、夏も冬も気軽に登れる。

左：オダッシュ山山頂
下：道東自動車道から見たオダッシュ山

34 佐幌岳
1060m

狩勝峠の北に位置しており、日高山脈北端の山と位置付けられている。日高山脈の登山史は１９２２年1月、北大スキー部時代の板倉勝宣らが、この山でスキー登山を行ったことが起点となっている。狩勝峠コースとサホロスキー場コースがある。

上：板倉勝宣らがスキーで佐幌岳に登頂した斜面を見る
右：佐幌岳山頂

35 トマム山 1239m

1983年のアルファリゾートトマムの開業と経営破綻を経て、2004年に生まれた星野リゾートトマムは、スキー場に留まらず、トマム山を通年型の山岳リゾート地に変えた。日高山脈では異色のリゾートの山だ。ゴンドラを使って、徒歩10～15分で山頂に上がれる。

トマム山南斜面はスキー場となり、四季を通じて多くの観光客が訪れる

36 ピセナイ山 1027m

9合目から見たピセナイ山

トマム山山頂

山脈を日高側から見る「展望台」的な山。かつてはピセナイ林道に車で入れたが、造材作業などの影響で、近年はピセナイ林道手前の静内調整池左岸の東の沢左岸林道ゲートから先は開放されていないことも多いようだ。

ピセナイ山山頂は日高山脈の日高側の展望台だ

37 ペラリ山 719m

緯度・経度を求めるため天文測量で使ってきた天測点は北海道に8つしかないが、その一つが一等三角点とともに山頂にある。山脈主稜の山々を遠望でき、日高山脈の測量の上で重要な役割を果たした山でもあるが、里山気分で登れる。

新ひだか町の市街地はずれに位置するペラリ山

天測点(手前)とペラリ山の山頂標識

13の山小屋・宿泊施設

＊2024年12月段階の情報を基にしています

日高山脈では、道外に多い営業山小屋はなく、登山者が利用できる山小屋としては、幌尻岳山麓の一部施設を除いて、管理人がいない無人で、無料や協力金で使える避難小屋がほとんどだ。多くが山麓に配され、トイレも併設され、行政、地元の山岳会など諸団体の善意で維持・管理されている。ルートが厳しく、長丁場になりやすい日高山脈では、ありがたい存在であることに変わりない。利用者のモラルに頼っているのが実情であり、利用後は火の不始末などに注意し、丁寧に使いたい。

例外的な山小屋としては、幌尻岳山麓の額平《ぬかびら》川コースの「幌尻山荘」と、同山荘への遡行起点の第2ゲートまでのシャトルバス出発地点「とよぬか山荘」（旧豊糠小中学校校舎）で、ともに有人対応の施設となっている。

また、幌尻岳山麓の新冠《にいかっぷ》川コースにある山小屋「新冠ポロシリ山荘」（無人）についても、維持管理を行っている新冠ポロシリ山岳会のウェブサイトからの利用申し込みが原則となっている。「新冠ポロシリ山荘」「イドンナップ山荘」「ペテカ（ガ）リ山荘」「楽古山荘」などは維持・管理のための協力金制度を取っている。

広大な日高山脈では、山小屋は十分にそろっているとは言えず、テント泊や車中泊、山麓周辺のキャンプ場や宿泊施設も併用して、うまく使うしかないのが実情だろう。

以下に主な山小屋を紹介したい。

楽しい小屋タイム

ヒュッテンレーベン（小屋の時間）の楽しさ。日高の山奥感に包まれ、小屋の中での食事に話も弾む＝ペテカ（ガ）リ山荘

小屋の冷水で飲み物を冷やす＝ペテカ（ガ）リ山荘

外気を感じながら小屋前でのひとときに疲れも吹き飛ぶ＝新冠ポロシリ山荘

1
新得町　標高1050m
佐幌岳山頂西側

佐幌岳山小屋

トイレ・水場なし。

日高山脈の山小屋では唯一、主稜上にある山小屋で、佐幌岳山頂のすぐ脇にあり、ご来光を見るには絶好の場所にある。

無料。

2
清水町　標高420m
剣山登山口脇

剣山休憩所

トイレ・水場あり。

剣山神社参拝、信仰登山の拠点でもあり、利用する場合は登山用の山小屋でないことを認識した上で、神社側や参拝客への配慮が必要だ。定員約50人。

無料。

3
芽室町　標高695m
伏美岳登山口

伏美小屋

トイレ・水場あり。

伏美岳登山口にあるが、登山口に続くトムラウシ沢林道は、路体流出等のため林道ゲートから通行不可となっており、小屋まで7・4キロを歩かなければならない。定員約30人。無料。

4
帯広市　標高470m
戸蔦別川林道沿い

トッタベツヒュッテ

トイレあり。

戸蔦別川沿いの戸蔦別川林道、支流のピリカペタヌ川合流点手前にあり、十勝幌尻岳登山、札内岳・ピリカペタヌ沢遡行、戸蔦別岳・戸蔦別川遡行の前泊地として使いやすい。定員約10人。無料。

5
平取町　標高960m
幌尻岳・額平川コース登山口

幌尻山荘

トイレ・水場あり。

7月1日～9月30日の期間、平取町役場と平取町山岳会が管理して、管理人が配置され、1人1泊3千円（2025年予定）で寝袋泊で宿泊できる。宿泊希望者が多いため完全予約制をとっており、「幌尻岳予約」専用のウェブサイトがあり、詳細は平取町のホームページから。定員45人。

6
平取町　標高230m
額平川林道起点近く

とよぬか山荘

トイレ・水場あり。

2008年に閉校になった豊糠小中学校を宿泊施設に改装して幌尻岳を目指す登山客の前泊地として、額平川遡行の起点である第2ゲートに向かうシャトルバスの起点にもなっている。定員45人。幌尻山荘稼働と連動しており6月下旬～9月30日、素泊まり4千円（夕朝食も提供可）。詳細は平取町のホームページから。

7
新冠町　標高780m
幌尻岳・新冠川コース登山口近く

新冠ポロシリ山荘（旧ポロシリ山荘）

トイレ・水場あり。

造材作業用として1977年に建てられた山小屋を新冠町が1994年に買い取り、その後新冠山岳会（現在の新冠ポロシリ山岳会）が譲り受け、国に地代を払って、登山客用に開放し、小屋の維持管理、トイレの汲み取りを行っている。イドンナップ山荘駐車場に車を置いて、北電の保守管理用道路16キロ、作業道（幌尻岳線）3キロ歩くと小屋に着く。定員30～35人。管理協力金1人1000円。

8
新冠町　標高420m
新冠避難小屋

イドンナップ山荘

トイレあり。

水力発電工事の作業員のため1959年に建てられた宿舎（現在の所有者は日高南部森林管理署）を新冠ポロシリ山岳会が委託を受けて維持管理し、登山者に開放している。幌尻岳を目指す場合はイドンナップ山荘脇から一般車両は通行止め。

定員約40人。

管理協力金1人1000円。

9
中札内村　標高510m
十勝側の道道静内中札内線沿い

札内川ヒュッテ

トイレ（バイオトイレ）あり。

中札内村が所有し、日高山脈山岳センターと一体的に維持管理されている。札内川のピョウタンの滝の上流約8キロ地点にある。小屋の横にある「ヒュッテゲート」から、車で入れる最終地点「幌尻ゲート」（カムイエクウチカウシ山などでのスタート地点）までは1・2キロの距離。定員20人。無料。

10
新ひだか町　標高400m
ペテガリ岳西尾根コース登山口

ペテカ（ガ）リ山荘

トイレ・水場あり。

新日高町が所有し、静内山岳会が維持管理にあたっている。ペテカ（ガ）リ山荘までは、道道静内中札内線—東の沢林道が通じているが、一般車両は通行止めが続いている。このため元浦川林道から神威山荘手前からニシュオマナイ川、ベッピリガイ川経由での入舎が一般ルートとなっている。定員60人。管理協力金1人500円。

11
浦河町　標高380m
神威岳登山口

神威山荘

トイレあり。

浦河町が所有し、浦河山岳会が維持管理している。元浦川林道—ニシュオマナイ川林道の最奥に位置しており、神威岳、ペテガリ岳を目指す際の前泊地となっている。定員20人。協力金の募金箱あり（金額設定なし）。

12
浦河町　標高350m
楽古岳登山口

楽古山荘

トイレ・水場あり。

浦河町が所有し、浦河山岳会が維持管理している。メナシュンベツ川の標高350メートルの二股で、1996年に建てられた。登山道から楽古岳、コイボクシュメナシュンベツ川遡行で楽古岳を目指す登山者にとってはありがたい存在。定員50人。無料。

13

様似町　標高380m
アポイ岳登山道5合目

アポイ岳5合目小屋

水場なし。小屋の外に携帯トイレブース（4月中旬～10月）が設置される。

1977年に建設され、様似町が所有。宿泊は禁止されており、夏山登山シーズン中、休憩ポイントとして利用されている。無料。

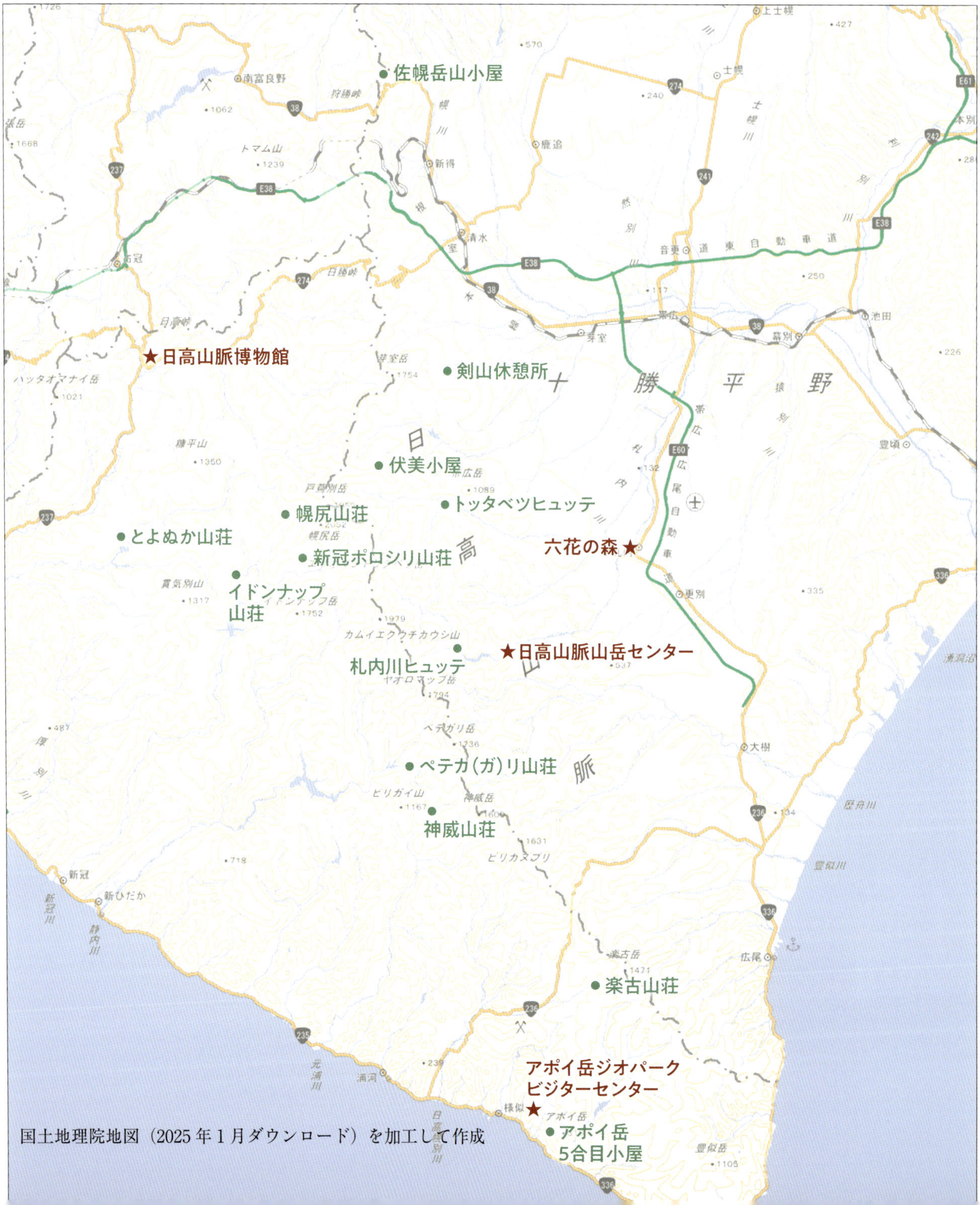

国土地理院地図（2025年1月ダウンロード）を加工して作成

日高山脈を知る4つの拠点

＊2024年12月時点の情報を元にしています。

日高山脈博物館

日高山脈博物館

日高町本町東1丁目297―12
TEL　01457―6―9033
年末年始（12月29日～1月5日）を除いて通年開館。月曜休館（月曜が祝日の場合は開館し、翌平日が休館）。
4月1日～10月31日は10時～17時、11月1日～3月31日は10時～15時

国道274号沿い、日高町の道の駅「樹海ロード日高」に隣接して1999年6月に「日高山脈館」として開館し、2012年に「日高山脈博物館」と改称した。パネルやジオラマ、映像などで日高山脈の貴重な自然や登山史、地質を紹介し、特に日高山脈特有の岩石を中心に展示、地質学・岩石学系に力が入れられている。4階建てで、1階が日高山脈インフォメーション、2階が日高山脈の成り立ち、3階が日高山脈の自然、4階が展望台。入館料あり。沙流川温泉『ひだか高原荘』、日高沙流川オートキャンプ場とも近接している。

アポイ岳ジオパークビジターセンター

様似町字平宇479番地の13
TEL　0146―36―3601
例年、4月1日～10月31日開館。
9時～17時、開館期間中は無休。

アポイ岳登山口に隣接する施設で、1997年にアポイ岳ビジターセンターとして開設、2013年にリニューアルし、アポイ岳ジオパークの地質・自然・歴史・文化を紹介する役割を担う。パネルやジオラマ、映像で、アポイ岳の「かんらん岩」の成りたちなどを伝えている。ワークショップの開催、アポイ岳に関するグッズなども販売、アポイ岳登山の情報発信も行っている。アポイ山麓ファミリーパーク内の施設で、アポイ山麓ファミリーパークキャンプ場、ホテルアポイ山荘（日帰り入浴・レストラン利用可）と近接している。

アポイ岳ジオパークビジターセンター

日高山脈山岳センター

中札内村南札内713
TEL　0155—69—4378
例年、4月下旬〜11月上旬開館。10時〜17時、開館期間中は無休。

道道静内中札内線の沿線に位置し、日高山脈（カムイエクウチカウシ山、コイカクシュサツナイ岳など）の十勝側メインルートである札内川沿いで1992年に開設。札内川園地キャンプ場（バンガローやトレーラーハウスあり）の総合インフォメーション兼ビジターセンターに加え、登山に関する情報の収集や発信の役割も担っている。売店や日高山脈の自然、山岳事故の歴史などをまとめた資料展示室も併設、北大山岳部員による「日高山脈登頂シリーズ」と題した映像観覧コーナーもある。

日高山脈山岳センター

六花の森

中札内村常盤西3線249—6
TEL　0155—63—1000
例年、4月下旬〜10月下旬に開館。10〜16時（6〜7月は9時開館）、開館期間中は無休。

六花亭（本社帯広市）が中札内村での工場建設に合わせて2007年に開設。坂本直行が日高山脈山麓で描いた六花亭包装紙の素材「十勝六花」（エゾリンドウ、ハマナシ、オオバナノエンレイソウ、カタクリ、エゾリュウキンカ、シラネアオイ）などの野草で彩られた庭園に、クロアチアから移築した古民家のギャラリーが点在。坂本直行記念館、直行デッサン館、直行絶筆館、花柄包装紙館、ドネーター作品館、六花亭所蔵の日高山脈などを描いた直行作品の一部が展示されている。入園料あり。

六花の森

坂本直行記念館

上：直行絶筆館
右：直行デッサン館

CHAPTER 7

日高山脈の山里

山麓を彩る多様な情景

黒川　伸一

馬産地・日高地方では、馬を身近に見ることができる（新冠町提供）

■日高山脈西側山麓海岸沿い

競走馬の主産地

［…日高町、新冠町、新ひだか町、浦河町など…］

日高山脈西側に位置する日高地方では、日本の競走馬サラブレッド（軽種馬）の大半を生産している。日高町、平取町、新冠町、新ひだか町、浦河町、様似町、えりも町の7つの町で生まれたサラブレッドは全国シェアで約8割に達しており、この地で生まれ育って中央競馬で活躍した名馬は数えきれない。日高地方の農業産出額に占める軽種馬産業の割合は6割を超えており、地域経済を支える柱になっている。

日高地方は北海道の中でも比較的温暖で、雪が少なく、特に夏場は北からの千島海流（親潮）などの影響で発生する霧が、日高山脈の影響で山麓に広がり、高温が苦手な競走馬を育てやすかったことが大きいと言われる。日高山脈を背後にした丘陵地帯には、約700の生産・育成牧場が点在し、多くのサラブレッドが草をはむ光景は、山脈西側山麓独特の牧歌的な景観となっている。

馬が身近に景観に溶け込むだけでなく、馬と触れ合う場所も少なくない。日高町、新冠町、新ひだか町、浦河町だけでも、乗馬体験ができる牧場施設は8つあり、地域の観光資源として定着している。新冠町には、大小さまざまなサラブレッド牧場が8キロにわたって連なる牧場通（サラブレッド銀座）があり、国道235号脇の「サラブレッド銀座駐車公園」からの眺めは壮観だ

　また日高町には、軽種馬の調教施設「門別軽種馬トレーニングセンター」が前身の門別競馬場があり、4～11月の期間中、ナイトレースが行われ、馬産地ならではの雰囲気を醸し出す。

新冠町の「サラブレッド銀座駐車公園」から連なる牧場群を見る（新冠町提供）

■日高山脈西側山麓北部

豊かなアイヌ文化

［…平取町…］

　日高山脈を源流にした沙流川中流に位置し、幌尻岳の額平《ぬかびら》川ルートの起点・平取《びらとり》町では、豊かなアイヌ文化を体感できる。特に、復元されたアイヌ家屋チセ群が並ぶ「二風谷《にぶたに》コタン」周辺にはアイヌ文化関連施設が集中している。

　展示資料や映像でアイヌ文化を伝える「平取町立二風谷アイヌ文化博物館」、アイヌ民族研究家萱野茂さんが開いた「萱野茂二風谷アイヌ資料館」、アイヌ文化が色濃く残る沙流川と住民の関わりを学べる「沙流川歴史館」、二風谷イタ（木製の盆や二風谷アットゥシ（樹皮を原料にした反物）」などの伝統工芸品を展示販売する「平取町アイヌ文化情報センター（二風谷工芸館）」などが近接し、アイヌ文化を身近に感じることができる一帯だ。幌尻岳登山の前後にぜひ立ち寄りたい。

チプサンケ前に行われるカムイノミ（平取町提供）

チプサンケのあと、観光客らを乗せて沙流川に出る舟（同町提供）

　アイヌ民族の伝統行事として毎年8月、沙流川の二風谷ダム下流で、アイヌ語で「舟おろし」を意味するチプサンケという行事が行われている。神に祈りを捧げるカムイノミを行ったあと、伝統技法で作られた木製の舟を川におろし、舟に新たな生命を与えるための入魂の儀式。川岸に作った祭壇の前に舟を置いて、山や川の神に祈りを捧げ、観光客らを乗せて川に出る。

　伝統的な行事を将来にわたって残すため、舟の新造・修理などのため、ふるさと納税などで応援する「チプサンケ存続プロジェクト」も行われている。詳しくは平取町観光商工課へ。

川岸に祭具を立てて、舟に生命を与えるチプサンケの儀式。日高山脈から流れ出る沙流川の伝統行事だ（同町提供）

■日高山脈東側山麓

日本一の大畑作地帯

［…十勝管内各地…］

南北に走る日高山脈は、東側に位置する十勝平野に、春と秋にフェーン現象で乾燥した季節風「日高おろし」を吹かせる。夏は内陸部特有の高温傾向、冬には山沿い以外は雪が少なく晴天日を多くもたらす。季節ごと、一日ごとの寒暖差が大きく、少雨で日照時間が長くなる傾向が顕著で、畑作に適している。

そんな気象条件のもと、十勝川水系と山々がつくりだした肥沃な十勝平野はかつて一面の原野だったが、明治期以降の開墾によって、日本最大の畑作地帯となっている。広い農地を生かした大型農機を使った大規模経営、ジャガイモ、小麦、豆類、てん菜（ビート）など四作物を中心とした輪作による土壌の栄養バランスによって収穫量と品質が向上し、日本の一大食糧基地となっている。

ジャガイモ、小麦、大豆、てん菜（ビート）はじめ、小豆、いんげんなども農業王国・北海道の中で作付面積も生産量も十勝地方の比重は大きい。JA帯広かわにしなどの十勝川西長いも、JAめむろのスイートコーンなど地域ブランドとして評価が高い作物も少なくない。日高山脈がもたらす気候、土壌が農業に与える恩恵は計り知れない。

十勝平野越しに見る日高の山々の光景は、山岳画家・坂本直行の絵柄でも数多く描かれてきたが、一面の畑作地帯と日高山脈のコラボにより、写真映えするビューポイントは十勝地方に随所にある。

芽室町のビート畑の向こうに十勝幌尻岳が鎮座する（写真家・仲野裕司氏提供）

日高山脈山麓で、白と薄紫色のジャガイモ畑と青々とした小麦畑が広がる芽室町の畑作地帯（仲野裕司氏提供）

十勝平野の豊かな大地で育つ地域ブランド「十勝川西長いも」の帯広市内の作付地の光景（JA帯広かわにし提供）

■日高山脈南端・襟裳岬

ゼニガタアザラシの定住地

［…えりも町…］

日高山脈が海に沈み込んでいく襟裳岬周辺は、日本沿岸でアザラシが最も集中して定住している一帯だ。約1000頭の野生のゼニガタアザラシが岬の岩礁地帯に住みつき、繁殖している。休息のため上陸できる岩礁が多いこと、周辺海域は餌資源が豊富であること、外敵が少ないことが大きいとみられる。日高山脈生成の過程でできた地形が格好の繁殖場所を生み出したと言えそうだ。

かつては肉や毛皮を利用するための乱獲や、沿岸の護岸整備等による生息環境の悪化に伴って生息数が減少し、絶滅危惧種とされていたが、保護活動の成果により個体数が回復し、2015年に絶滅危惧種を外れた。えりも町には環境省の「えりも自然保護官事務所」が配置され、漁業被害を軽減しながら「準絶滅危惧種」であるゼニガタアザラシと漁業の共存を目指す調査を行うためレンジャーが活動している。

岬にある観光スポット「襟裳岬風の館」（えりも町）では、望遠鏡を使って一年中アザラシを観察することができ、アザラシは、エゾシカやヒグマなどとともに、日高山脈襟裳十勝国立公園に生きる身近な野生動物であることを実感できる。

襟裳岬の岩礁地帯で繁殖するゼニガタアザラシ（えりも町提供）

山麓13自治体の立ち寄りスポット

■日高町
日高国際スキー場

＝日高町富岡444-1
☎01457-6-3667

積雪期には日高山脈で貴重なスキー場として利用客を集める日高国際スキー場

日高山脈襟裳十勝国立公園唯一の本格的なスキー場で、リフトを乗り継いだ山頂が北日高岳（751メートル）。雪のない時期には北日高岳登山やモトクロスの大会などのイベントにも使われている。近接して「国立日高青少年自然の家」もあり、学校や企業の研修でも使え、家族や学生の利用もできる。スキー場に近い「道の駅　樹海ロード日高」では、日勝峠のリアルタイム映像が放映されているほか、日高山脈に関する最新の情報を入手できる日高山脈博物館やコンビニや飲食店などと隣接しており、日高山脈入山前に利用する登山者が多い。

★日帰り入浴施設

・沙流川温泉　ひだか高原荘
＝日高町富岡444-1（☎01457-3-7008）※6時～9時、10時～21時（20時30分受付終了予定）

・門別温泉　とねっこの湯
＝日高町富浜223-140（☎01456-3-4126）※10時～22時（21時30分受付終了）

■平取町
平取町立二風谷アイヌ文化博物館

＝平取町二風谷55
☎01457-2-2892

アイヌ文化を知る上で、二風谷エリアの中核的な施設。人々の暮らしの用具、神々への祭事用具、自然を生かす用具、造形の伝統用具の四つのゾーンに分けて展示し、自然と共生し、人間としての誇りを尊んできたアイヌ文化の知恵と精神を知ることができる。ユカラ（英雄叙事詩）なども動画で紹介されている。「木彫・刺繍」「講話」「舞踊」「ムックリ演奏」などの体験学習メニューもあるが、詳しくはホームページで確認を。アイヌ文化に関する特別展や講座などのイベントも随時開催されている。

二風谷アイヌ文化博物館内では、平取町内などで使われていた様々なアイヌ文化の用具、祭具が展示されている

★日帰り入浴施設

・びらとり温泉　ゆから
＝平取町二風谷92-6（☎01457-2-3280）※10時～21時（20時30分受付終了）

二風谷コタンの中核的な施設である平取町立二風谷アイヌ文化博物館外観

■新冠町
新冠町レ・コード館

＝新冠町中央町1－4
☎0146－45－7833

消え去ろうとしているレコードを残す拠点を目指して、「レ・コードと音楽によるまちづくり」を掲げた町が1991年、全国の愛好家に「あなたのレコードを大切に預かります」と呼びかけ、1997年に開館させた。収蔵数は開館時約30万枚だったが、2017年に目標の100万枚を達成した。多種多様なレコードが保管され、希少なものも少なくない。データベースに登録された300万曲は検索&リクエストが可能で、試聴できる。最高グレードのスピーカーシステムを備えたレ・コードホールの利用も可。

★日帰り入浴施設
・新冠温泉　レコードの湯
＝新冠町西泊津（☎0146－47－2100）※5時～8時、10時～22時（21時30分受付終了）

新冠町レ・コード館内では、多種多様なレコードが保管、展示されている（新冠町提供）

レコードに関する収蔵品の豊富さで知られる新冠町レ・コード館外観（新冠町提供）

■新ひだか町
二十間道路桜並木

＝新ひだか町静内田原

2000本以上の桜が直線7キロにわたって立ち並ぶ。かつてこの地にあった、宮内省の御料牧場を視察する皇族の行啓道路として造成されたのが道路の起源で、左右の道幅が二十間（約36メートル）あったことからこの名がついた。1916年（大正5年）から3年間かけて、近隣の山々からエゾヤマザクラなどを移植し、半数以上が樹齢1世紀級。「日本の道百選」「さくら名所100選」「北海道遺産」などにも選ばれ、国内屈指の桜の名所として知られ、5月上旬は花見客で賑わう。老木が多く、桜開花時期以外も壮観だ。

★日帰り入浴施設
・静内温泉
＝新ひだか町静内浦和106（☎0146－44－2111）※10時～22時（21時30分受付終了）
・みついし昆布温泉　蔵三《くらぞう》
＝新ひだか町三石鳧舞《けりまい》162（☎0146－34－2300）※10時～22時（21時30分受付終了）

毎年、開花時期には大勢の人で賑わう二十間道路桜並木（新ひだか町提供）

■浦河町
うらかわ優駿ビレッジAERU

＝浦河町西舎141番40
☎0146－28－2111

日本中央競馬会（JRA）と浦河町が、「馬と自然とふれあえる里」（優駿の里構想）を目指して、1998年に営業を始めた日本最大規模の乗馬体験観光施設。日高山脈をバックにしたホーストレッキング（外乗）など乗馬体験メニューが多彩。パークゴルフ、歩くスキーなどもで

馬と親しむ体験メニューが豊富なうらかわ優駿ビレッジ「AERU」（同施設提供）

きる。「天馬」と称されたトウショウボーイブロンズ像のほか、中央競馬で活躍した名馬紹介コーナーもある。敷地沿いには3《キロ》続く桜並木スポット「優駿さくらロード」。施設内にはレストラン、宿泊・入浴施設が揃う。

★日帰り入浴施設
・あえるの湯
＝AERU内（☎0146－28－2111）※6時～23時（22時受付終了）

■様似町
エンルム岬
＝様似町会所町

様似漁港の東側で、太平洋に向かって突き出している陸繋島《りくけいとう》の岩山。高さは約60《メートル》で、展望台がある頂まで徒歩で行ける。岸壁にはオオセグロカモメのコロニーがあり、エゾイヌナズナやヒダカミセバヤなどの岩隙植物、ミヤマオダマキなどの高山植物が生育し、サマニヨモギの最初の発見地でもある。岬の裏は干潮時には幅約100《メートル》の磯が現れる。晴れていれば展望台からアポイ岳～ピンネシリ、遠くは日高山脈の脊梁や襟裳岬を一望できる。岬の付け根部にはシャマニ場所の拠点だった様似会所跡がある。

四季を通じて景観を楽しめるエンルム岬（様似町提供）

★日帰り入浴施設
・ホテルアポイ山荘
＝様似町平宇479－7（☎01466－5211）※11時～23時（22時30分受付終了）

■えりも町
襟裳岬 風の館
＝えりも町東洋366－3
☎01466－3－1133

風速10《メートル》以上の風の吹く日が、年間260日以上もあるえりも岬突端にある国内有数の強風地帯をウリにした施設。隣のえりも岬灯台の明かりを遮《さえぎ》らないよう、地下に潜る設計になっている。室内から岬周辺の岩礁地帯を眺めることができ、望遠鏡でゼニガタアザラシを観察できる。風のシアターでは襟裳岬周辺のアザラシの生態、コンブ漁やサケ漁など、町の魅力を紹介する動画が流されている。風速25《メートル》の風を体験するコーナーもある。

襟裳岬の地下に潜るように設計された襟裳岬「風の館」

★日帰り入浴施設
・とまべつ憩いの湯　ちゃっぷ
＝えりも町庶野102
（☎01466－4－2177）※10月から6月：11時～19時（18時30分受付終了）、7月～9月：11時～20時（19時30分受付終了）
・トロン温泉えりも　田中旅館
＝えりも町本町315－3
（☎01466－2－2225）※17時～21時
十勝管内＝6自治体

■清水町
十勝千年の森
＝清水町羽帯南10線
☎0156－63－3000
4月中旬～10月

日高山脈山麓に広がる400《ヘクタール》の広大な敷地で、森、庭、農、アート、食を通じて自然と触れ合う機会をつくり、千年後の人類に遺産として残す庭園文化を目指したガーデン。アイヌ神話に基づくオブジェ、ガーデニングの粋を集めた設計は、ありのままの自然も生かし絵映えする場所が多い。日高山脈をバックに、草原や森の中をセグウェイ（立ち乗りの電動二輪車）に乗って楽しめるセグウェイガイドツアー（所要時間2時間15分＝レクチャー45分・ツアー90分、前日17時までに要予約）もある。詳しくはホームページを。

日高山脈・芽室岳と芽室岳西峰などを見ながら美しい庭を巡るセグウェイガイドツアー（十勝千年の森提供）

★日帰り入浴施設
・清水町役場
町営公衆浴場
＝清水町北1条2丁目1番地（☎0156－62－1012）
※15時～22時

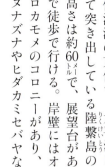

雪が舞う中でも、重量馬の息遣いを間近に感じることができるばんえい十勝のレース

■帯広市

ばんえい十勝
〈帯広競馬場〉

＝帯広市西13条南9丁目1
☎0155-34-0825

北海道開拓時に木を運び、開墾で活躍した農耕馬の力比べが起源とされ、重量約1トンの鉄そりと騎手を乗せた体重1トン前後の重量級のばん馬による世界で唯一の形態である競馬。日本国内の公営競技（地方競馬）としても、現在は帯広競馬場が唯一の開催場所だ。二つの障害物がある直線200メートルセパレートコースで競う迫力のレースは、十勝地方の馬文化の象徴でもある。施設内には、十勝馬と開拓の歴史を伝える「馬の資料館」、十勝地方の食材やグルメを集めた「とかちむら」が併設されている。レース開催日時はホームページ参照を。

★日帰り入浴施設
・オベリベリ温泉　水光園
（☎0155-23-4700）
※11時～23時

■芽室町

新嵐山スカイパーク展望台

＝芽室町中美生2線42
☎0155-65-2121

国民宿舎新嵐山荘、メムロスキー場などを備え、バーベキュー、パークゴルフなども楽しめる。標高340メートルの山頂にはログハウス風の展望台が設けられ、日高山脈と十勝平野を一望できる絶景スポット。

ふるさと歴史館ねんりん

＝芽室町美生2線38番地15
☎0155-61-5454

十勝平野の開拓で使われた生活道具や農機具を保存・展示。石臼を使ったソバ挽き、鋸を使った丸太切りなど、七つの体験スペースもあり、農業王国・十勝地方の生活文化の歴史を知ることができる。

新嵐山スカイパーク展望台上空30メートルからドローン撮影した眺望。日高山脈を遠望できる（芽室町提供・㈱KOO撮影）

■中札内村

中札内美術村～六花亭アートヴィレッジ

＝中札内村栄東5線
☎0155-68-3003
4月下旬～10月下旬

広大な敷地内に作家ごとの美術館群、季節の農産物を使用した四季折々の家庭料理などを提供するレストラン、庭園が点在している。柏林に囲まれたまくら木の遊歩道を散策、美術館や庭園をめぐり、食事も楽しめる趣向だ。北海道の自然にこだわった相原求一朗美術館、日本画家小泉淳作美術館、十勝在住の画家

芽室町の歴史を築いた民具や道具などを展示、解説したふるさと歴史館ねんりん内部の様子（芽室町提供）

アートヴィレッジ敷地内にある美術館の一つ「相原求一朗美術館」。庭園内には作家ごとの小さな美術館が点在する（六花亭提供）

真野正美作品館、イラストレーター安西水丸作品館、洋画家百瀬智宏美術館、同じく洋画家小川游《ゆう》作品館、自画像公募展の作品を展示した北の大地美術館がある。

★日帰り入浴施設
十勝エアポートスパ　そら
＝中札内村南常盤東5線286（☎0155-67-5959）※7時～22時（最終受付21時30分）

■大樹町
もいわ山森林公園
＝大樹町萠和453

大樹町市街地の北東に位置しており、日高山脈を一望できる展望台的なスポット。車道があるので車で登ることができ、特に、春にはヤマザクラとのコラボレーションを楽しめる。麓の公園では、春には桜、初夏にはハナショウブや睡蓮の花などが楽しめる。

大樹町宇宙交流センターSORA
＝大樹町字美成169番地
☎01558-8-7490
4月下旬～10月

スペースポート（宇宙港）整備が進む大樹町で、航空宇宙に関する様々な実験や取り組みを知ってもらう施設。大樹町で打ち上げたロケット4機などが展示されている。

★日帰り入浴施設
・晩成《ばんせい》温泉
＝大樹町晩成2（☎01558-7-8161）※9時～21時（最終受付20時）

もいわ山森林公園から見た日高山脈（大樹町観光協会提供）

大樹町宇宙交流センターSORAで展示されているロケット（大樹町観光協会提供）

■広尾町
フンベの滝
＝広尾町フンベ

国道336号（通称・黄金道路）の広尾橋からえりも市街地に車で約5分走ったフンベ地区の道路沿いで、約150メートルにわたって滝が連なる。この界隈に鯨が打ちつけられたことからアイヌ語で「鯨の獲れる浜」という意味の「フンベ」に由来した場所。湧き出した地下水が直接道路脇に落下する珍しい滝で、夏は涼を呼び、冬は見事な氷柱となる。

坂本直行入植地跡
＝広尾町下野塚

豊似川河口近くの右岸にある山岳画家・坂本直行の入植地跡。直行はこの開墾地から日高山脈の絵を描き続けた。国道336号、道道広尾大樹線など4カ所に案内板が設置されている。

★日帰り入浴施設
・ホテル東陽館
＝広尾町西1条6丁目（☎01558-2-2105）※16時～21時（最終受付20時）

坂本直行が開墾した原野脇の住居跡に広尾町教委が建てた入植地跡の標柱がある

国道わきで湧水が滝となっている珍しい光景が続くフンベの滝（広尾町提供）

「日高山脈襟裳十勝国立公園」誕生までの経過

1950年8月	襟裳道立公園として指定
1958年4月	道立自然公園条例施行に伴い、襟裳道立自然公園に移行
1968～69年	日高山脈学術調査が行われる
1970年4月	日高山系国定公園指定促進期成会が発足
1976～78年	日高山系自然生態系総合調査が行われる
1981年10月	日高山脈襟裳国定公園に指定
2010年10月	日高山脈襟裳国定公園が、国立公園の新規指定又は国定公園の大規模拡張候補地に選定
2016～19年	日高山脈襟裳地域及び周辺地域の自然環境等の調査が行われ、国立公園にふさわしいと判断
2020年2月	環境省、国立公園指定への基本方針を策定
2020年9月	小泉進次郎環境相が2021年中の指定に意欲を見せる
2021年11月	環境省、指定時期を2022年12月に延期
2022年6月	中央環境審議会自然環境部会が現地を視察
2022年10月	環境省、指定時期を2023年度中に再延期
2023年6月	環境省、2024年内の指定を発表
2023年7月	国立公園化に難色を示していた様似町の地権者が大筋で合意
2023年11月	環境省、パブリックコメントを実施
2024年2月	地元自治体側から国立公園の名称に「十勝」を加える要望が出され、中央環境審議会で議論。異例の多数決で「日高山脈襟裳十勝国立公園」とする方針が決まる
2024年3月	国立公園の名称に「十勝」を入れる方針をめぐり、十勝自然保護協会と北海道自然保護連合が疑義を表明し、「日高山脈国立公園」とする要望書を環境相に提出
2024年5月	北海道自然保護連合が名称に「十勝」を入れることに反対する署名1003筆を集めて環境省に提出
2024年5月	中央環境審議会で国定公園から国立公園に格上げし、名称に「十勝」を加えることで了承
2024年6月	伊藤信太郎環境相が日高山脈襟裳十勝国立公園の名称で指定

南日高・野塚岳山頂近くから見たトヨニ岳＝2024年3月（小野浩二撮影）

The Backbone
of
Hokkaido
The Hidaka Mountains

『北海道の脊梁　日高山脈』編集委員会

黒川　伸一
（フリーライター、東北大山の会会員、日本山岳会北海道支部長）

小泉　章夫
（北大山の会　元会長、北海道大学　元教授）

小野　浩二
（株式会社秀岳荘　代表取締役）

植田　拓史
（株式会社りんゆう観光　代表取締役社長）

奥山　敏康
（株式会社共同文化社　代表取締役）

編集事務局：共同文化社編集部

編集後記

北海道発の日高山脈深堀り本

日高山脈が2024年6月に国立公園に指定されることをうけて、共同文化社の奥山敏康さんが本書の刊行を企画しました。日本山岳会北海道支部の黒川伸一さん、秀岳荘の小野浩二さん、りんゆう観光の植田拓史さん、いずれも日高山脈にゆかりがあり、思いの深い人たちが編集委員会を立ち上げ、そこに私、小泉章夫も加わりました。

この年の２月に秀岳荘で行われた最初の編集委員会では、だれに何を読んでもらうのかが議論されました。日高山脈の登山ガイドや写真集はすでに多くの出版物があります。なにか新しい切り口で、日高山脈とその周辺の魅力を発信できないか。日高山脈の本ですから、核となるのは、山脈の成因・特徴と登山活動です。北海道に多い火山ではなく、地殻変動でできた、深い渓谷が入り組んだ長大な山脈、いくつかの頂が抱くカールにも焦点をあてようということになりました。登山は、確かな地図もなかった時代、先人たちによる未知なる沢や峰の探検にはじまり、現在も、シカ道を除いて登山道が少なく、原生的な環境が残る日高の山行の魅力を、遭難の教訓も含めて記述することにしました。それらに日高山脈を巡る人々の営みを書き加えられないかとも考えました。

主要な項目の原稿をふわさしい方々にお願いし、こころよく引き受けていただきました。編著者の黒川伸一さんは、本書刊行の原動力となって、編集委員会を牽引してくれました。特異な植生のアポイ岳、日高山脈の登山者、開拓者、画家であった坂本直行さんのこと、江戸時代に開削された日高と十勝をつなぐ古道の現在、電源開発で山奥へ延びた林道と台風被害などを取材し、文章にしてくれました。

企画から１年という限られた時間の中で、欠落した視点、掘り下げられなかった項目もあろうかと思いますが、魅力的な写真をふんだんに使った紙面を楽しんでいただければ、嬉しく思います。最後に、本書の出版にかかわっていただいた多くの方々にお礼を申し上げます。　（小泉章夫）

本書刊行にあたり多くの関係機関、
企業、団体、個人にお世話になりました。
ここにそのお名前を掲載し、感謝申し上げます。

日高山脈博物館
アポイ岳ジオパークビジターセンター
アポイ岳ファンクラブ
日高山脈山岳センター
北海道新聞社
秋田旅行舎
株式会社六花亭
株式会社秀岳荘
北大山の会
北大山岳館
福岡大ワンダーフォーゲル部 OBOG 会
様似郷土館
えりも町郷土資料館
JA 帯広かわにし
うらかわ優駿ビレッジ AERU
十勝千年の森
北大附属図書館

日高町　平取町　新冠町　新ひだか町
様似町　えりも町　清水町　帯広市
芽室町　中札内村　大樹町　広尾町

青島靖　青柳喬　荻野昌博　川辺マリ子
神原照子　神原正紀　末武普一　鈴木貞信
高尾美緒　高橋健　竹中源弥　田中健
田村裕之　中岡利泰　中川明紀　中川凌佑
仲野裕司　羽月稜　松下祐樹　矢野実
山崎開平　山崎脩介

編集統括：奥山敏康（共同文化社）
編集長：竹島正紀（共同文化社）
進行：相知拓海、田丸夏実（アイワード）
誌面制作：渡邊絢子、佐々木里菜（アイワード）
画像処理：鍵谷貴宏、外山進（アイワード）
図版作成：二川原孝洋、柏木英利（アイワード）
書籍販売：酒井基子（共同文化社）

カバー写真：伊藤健次

The Backbone of Hokkaido The Hidaka Mountains
北海道の脊梁　日高山脈

2025 年 5 月 15 日　初版第 1 刷発行

編著者　黒川　伸一
編　集　『北海道の脊梁　日高山脈』編集委員会
発行所　株式会社共同文化社
〒 060-0033　札幌市中央区北 3 条東 5 丁目
TEL　011-251-8078　FAX　011-232-8228
E-mail　info@kyodo-bunkasha.net
URL　https://www.kyodo-bunkasha.net
制　作　株式会社アイワード

ISBN978-4-87739-420-2

日高山脈襟裳十勝国立公園

2024年（令和6年）6月25日、国立公園に指定
面積：245,668ha（陸域のみ）

出典：環境省ホームページをベースに
編集委員会で再編集しました。

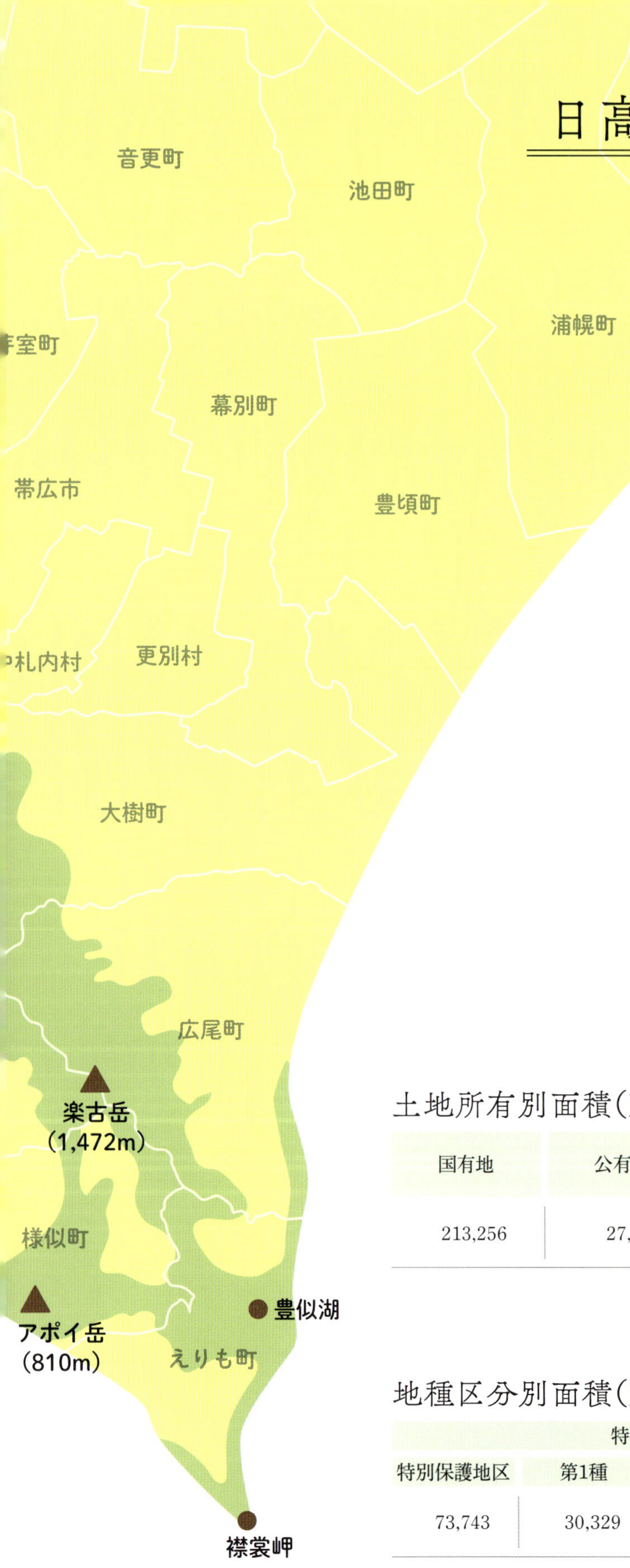

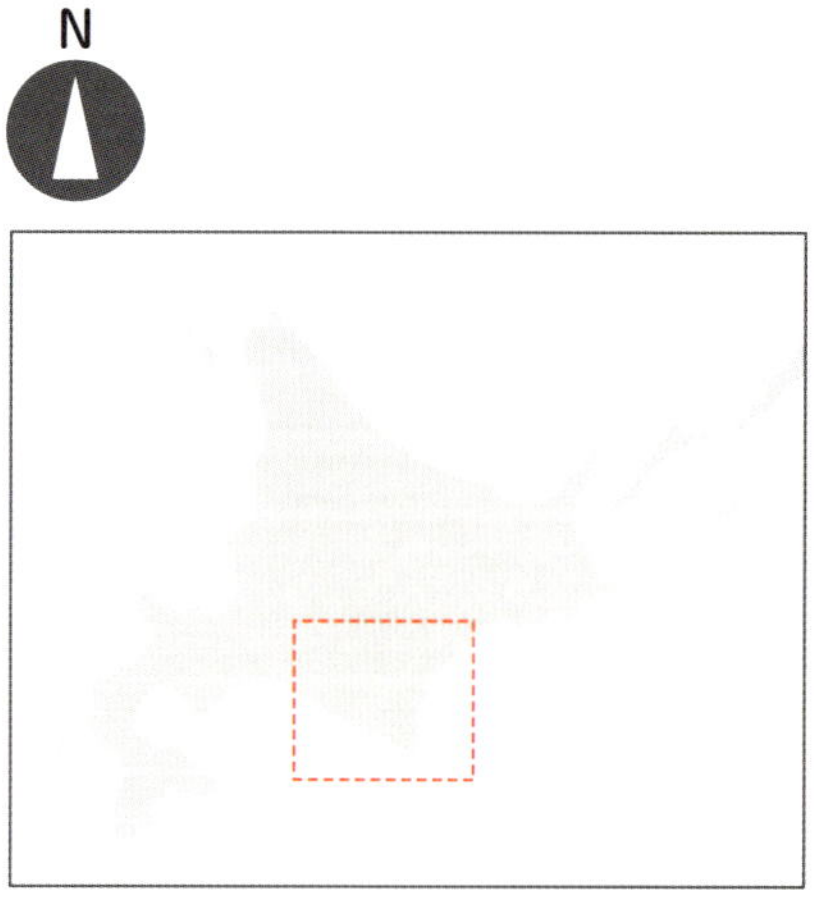

土地所有別面積（ha）

国有地	公有地	私有地	所有区分不明	公園面積（陸域のみ）
213,256	27,745	4,667	0	245,668

地種区分別面積（ha）

特別地域				普通地域（陸域のみ）	公園面積（陸域のみ）
特別保護地区	第1種	第2種	第3種		
73,743	30,329	35,102	55,101	51,392	245,668